Schönes Wohnen mit Farbe

OZ creativ

Farben

Ihres

sind
die Kleider
Hauses

Farbe ist Emotion. Wir nehmen Farben bewusst und unbewusst wahr. Sie vermitteln uns positive Gefühle und wecken angenehme Assoziationen. Aber wie beschreibt man solche Gefühle? Wie genau tut uns das Goldgelb eines Sterns oder das Blau der Dämmerung gut? Wie intensiv fühlt man die Ruhe von Grün oder die Leidenschaft von Rot? Wie empfinden wir das kaum greifbare Grau einer Perle oder die Frische von Türkis? Und wie will man die feinen Nuancen der Farben von Daunen, Rahm, Nebel oder Schiefer beschreiben? Welche Farbe hat ein Traum, welche der Oktober? In diesem Buch möchten wir versuchen, die emotionale Seite der Farben in Bildern einzufangen.

Die Hersteller von Wohnfarben kommen inzwischen in zunehmendem Maße dem Wunsch ihrer Kunden nach kreativer und individueller Raumgestaltung nach. Jede Farbe hat eine Persönlichkeit – und jede Persönlichkeit fühlt sich mit bestimmten Farben besonders wohl. Gewiss gibt es einige bewährte Regeln, doch Wohnraumgestaltung mit Farben ist viel mehr, denn dabei kommen vor allem Intuition und ureigenste Vorlieben, aber auch ein bisschen Selbstsicherheit und Mut zu unkonventionellen Kombinationen zum Tragen.

Farben sind die Kleider des Hauses. Ein Haus soll so gut zu seinen Bewohnern passen wie ein maßgeschneidertes Kleidungsstück, es soll nicht einengen und in jeder Situation Wohlbehagen vermitteln. Zu Hause möchte jeder ganz er selbst sein, sich verwöhnen und Energie tanken – gerade dabei spielen die Farben der Umgebung eine wichtige Rolle. Wie ein Mensch lebt, wird dadurch bestimmt, wie er wohnt, und dazu gehören neben den Räumen selbst und der Möblierung auch die Farben.

Ihre Redaktion

Drucktechnisch bedingte Abweichungen von den Originalfarben können nicht ausgeschlossen werden.

Inhalt

Farbe ist überall

Jeder Gegenstand hat eine Farbe. Farblosigkeit gibt es zum Glück nicht. Farben können anziehen und abstoßen, sie können Warnung oder Hinweis sein. Seit jeher folgen die Menschen ihrem Bedürfnis, ihre Welt farbig zu gestalten. Auch heute machen wir uns viele Gedanken über die Farben unserer Kleidung und unserer Wohnräume. Moderne Computermonitore können mehr als eine Million verschiedene Farben darstellen, und unsere Augen sind in der Lage, sie alle zu unterscheiden. Weil die Medien uns die ganze Welt ins Haus bringen, ist uns das Rot und Gelb indischer Gewänder, das Lavendelblau der Provence oder das Blau-Weiß der griechischen Inseln manchmal vertrauter als das Rot einer einheimischen Tomate.

Farbe ist Licht

Eigentlich sind Farben nicht greifbar, denn es handelt sich nur um die Reflexion bestimmter Lichtwellen auf einer Oberfläche. Das Sonnenlicht setzt sich aus Wellen unterschiedlicher Länge zusammen, die gemeinsam weißes Licht ergeben. Nur im Regenbogen werden die Einzelfarben des Lichts sichtbar. Fällt das weiße Licht nun auf einen Gegenstand, wird es reflektiert – aber nicht immer vollständig. Ein weißer Gegenstand reflektiert alle Lichtwellen, ein schwarzer gar keine, und ein farbiger Gegenstand nur einen Teil der Lichtwellen. Eine blaue Oberfläche beispielsweise absorbiert die blauen Wellen und reflektiert alle anderen. Unsere Augen nehmen jedoch die Farbe wahr, die absorbiert wird, darum sehen wir eine blaue Oberfläche.

Farbe ist Emotion

Farben sprechen aber nicht nur unsere Augen an, sondern auch andere Sinne. Wir beschreiben Rosa als süß, als ob man es schmecken könnte. Orange kann schrill sein, als könne man es hören. Farben machen fröhlich, traurig, unruhig, sentimental, schläfrig. Diese Wirkung beruht nicht etwa auf dem individuellen Empfinden, vielmehr zeigen alle Menschen, ungeachtet ihrer Kultur, die gleichen Reaktionen auf Farben.

Im umgekehrten Sinn ist Farbe aber auch ein wichtiges Mittel, um Emotionen auszudrücken. Persönlichkeit und momentane Stimmung beeinflussen, auf welche Farben ein Mensch besonders anspricht. Introvertierte Menschen bevorzugen meist kühle Farben und Pastelltöne, während extrovertierte Menschen eher den warmen Farben zuneigen. Farben können einem Raum eine lebhafte oder ruhige Atmosphäre verleihen. Über die Raumatmosphäre wiederum können Farben unsere Stimmung beeinflussen oder sich auf unser Verhalten auswirken.

Die emotionalen Botschaften, die Farben vermitteln, sind uns allen bestens vertraut. Wir empfinden Grün als friedlich, ruhig und ungefährlich, Rot dagegen ist eine Signalfarbe, die wir mit Gefahr assoziieren. Bei solchen Wahrnehmungen spielen uralte, tief verwurzelte Naturerfahrungen eine Rolle: Eine rote Frucht ist reif, eine grüne noch nicht.

Farbe ist Persönlichkeit

Das Farbempfinden ist eine sehr persönliche Angelegenheit, denn jeder Mensch wählt ganz bewusst Farben aus, mit denen er sich wohl fühlt. Diese Auswahl-Entscheidungen verändern sich mit den Lebensumständen. Natürlich hat die Farbwahl auch eine spielerische Komponente, durch die sie wiederum zu einem individuellen Ausdrucksmittel wird.

In unserer Kultur und Zeit setzen viele Menschen Farbe gezielt ein, um ihre Individualität auszudrücken. Farben geben uns die Möglichkeit, uns von anderen Menschen zu unterscheiden. Um uns attraktiv zu fühlen, lassen wir Farben nah an unsere Haut heran – durch Make-up und Kleidung. Betrachten wir die private Wohnung als eine Art zweite Haut, so kann Farbe auch dort dazu dienen, uns von der breiten Masse zu unterscheiden oder die Monotonie von Modediktaten zu durchbrechen.

Vor allem ist Farbe aber ein Ausdrucksmittel für Kreativität und Lebensfreude. Mit keinem anderen Mittel kann man seiner Umgebung ein unverwechselbares Gesicht verleihen, gezielt Reaktionen auslösen, Bereiche aufwerten oder Stimmungen erzeugen. Genau wie die Kleidung, die ein Mensch trägt, oder das Auto, das er fährt, sagt auch die Wahl seiner Wohnfarben immer etwas darüber aus, ob er einen traditionellen oder einen modernen Stil bevorzugt. Kleidung und Wohnung erfüllen letztlich die gleiche Funktion: Man möchte sich darin wohl fühlen. Und sie vermitteln auch, wer wir sind – oder wer wir gern wären.

Wichtig ist, bei der Wahl von Farben auf das eigene Gefühl zu vertrauen. Viele Menschen sind unsicher, dabei hat doch jeder seine Lieblingsfarben. Dieses Buch möchte Ihnen helfen, Schritt für Schritt genau die Farben zu finden, die zu Ihnen passen. Wer Anhaltspunkte sucht, sollte einmal in Zeitschriften blättern. Sie könnten sich auch von einer Ansichtskarte oder einem besonderen Bild inspirieren lassen – selbst von Ihrem Lieblingsschal. Was immer Ihnen wichtig ist und Ihrer Persönlichkeit entspricht, ist denkbar. Und wer trotzdem unsicher ist, sollte seine Lieblingsfarbe mit Weiß oder einer hellen Farbe kombinierten – dann kann bestimmt nichts schief gehen.

Farbe ist Entwicklung

In allen Lebensbereichen strömt Farbe auf uns ein. Fernsehen, Fotos und Filme sind heutzutage selbstverständlich farbig. Wir drucken Computerdateien bunt aus und können Lacke und Farben in nahezu jedem Farbton im Laden kaufen. Natürlich hat diese Vielfalt auch einen Einfluss auf die Entwicklung unseres Geschmacks. In gewisser Weise lässt sich dieser Prozess mit dem Kochen vergleichen. Noch unsere Großeltern bereiteten ihre Mahlzeiten nach relativ starren Regeln aus den Zutaten zu, die Markt und Garten hergaben. Heute dagegen leben wir in einer Welt, in der wir die Küchen aller Herren Länder probieren und die nötigen Zutaten im Supermarkt kaufen können. Ebenso, wie wir mit neuen Zutaten und Gewürzen experimentieren, probieren wir in der Wohnung neue »Gestaltungsrezepte« aus. Wir spielen mit den Kontrasten von matten und glänzenden Oberflächen.

Allmählich verlieren wir auch die Angst, auf unser Gefühl zu vertrauen, und wagen uns auch an ausdrucksvollere, individuellere Farbkombinationen heran. Insgesamt setzt sich mehr Mut zur Farbe durch. Das heißt aber nicht, dass nun grellere Farben bevorzugt werden. Stattdessen sind sich die Menschen der emotionalen Wirkung der Farben stärker bewusst und setzen sie gezielt als individuelles Ausdrucksmittel ein. Zu den praktischen und ästhetischen Auswahlkriterien ist ein neues hinzugekommen: Die Aussage „Dies ist meine Farbe!"

Farbe ist Mut

Eigentlich ist das Aussuchen von Farben ganz einfach. Ein Umbau ist eine kostspielige und langfristige Entscheidung, ebenso die Anschaffung von Möbeln. Doch ein Anstrich lässt sich relativ schnell und preiswert verändern und bietet darum viel Spielraum zum Experimentieren. Ein Wochenende und ein paar Dosen Farbe – und schon sieht das Haus ganz anders aus. All die bedeutungsschweren Dinge, die über die Wohnraumgestaltung mit Farbe schon gesagt und geschrieben worden sind, lassen sich letztlich auf eine einfache Formel bringen: Legen Sie los und haben Sie Ihren Spaß dabei! Dieses Buch möchte Ihnen dabei helfen. Es präsentiert eine Fülle von Ideen für Wohnungen aller Stilrichtungen, unter denen jeder geeignete Lösungen für den eigenen Geschmack finden wird. Inspirierende Fotos zeigen, dass es bei der Farbwahl wirklich keine festen Regeln gibt. Alles ist möglich und erlaubt, was zu Ihnen und Ihrer Persönlichkeit passt. Ausgestattet mit fundierten Hintergrundinformationen und erprobten Praxistipps, die Sie im letzten Kapitel dieses Buches finden, können Sie nach Herzenslust mit Farben spielen. Wir wünschen Ihnen viel Vergnügen beim Lesen und beim Umsetzen Ihrer Ideen.

1

Weiß ist Klarheit

Perle Puder Aprikose Rahm Daune

Aquamarin Elfenbein Milch

Ein Haus ganz in Weiß kann sehr abwechslungsreich wirken, weil Weiß so viele verschiedene Nuancen hat. Für das Schlafzimmer wurde kühles Milchweiß gewählt, für den modernen Flur links ein wärmerer Rahmton. Den Holzeinbauten im Wohnzimmer und auch dem Sessel mit der barocken Schnitzerei stehen schmeichelhafte Töne wie Puder und Daune gut.

Weiß ist sonderbar. Genau genommen ist reines Weiß keine Farbe, denn im weißen Licht sind alle Farben gebündelt. Reines Weiß kommt in der Natur so gut wie nie vor. Neuschnee, Schäfchenwolken am blauen Himmel oder Schreibpapier scheinen uns reinweiß, doch fast immer haben wir es mit ganz zarten Grautönen zu tun. In unserer Umgebung sehen wir Weiß in tausend Varianten, von denen jede einen winzigen Anteil einer anderen Farbe enthält. Diese Farbstiche entstehen durch den Widerschein der Umgebung, durch das Licht oder das Material selbst. Bei genauem Hinsehen entdeckt man hier einen Hauch von Violett, dort eine Andeutung von Blau oder einen Schimmer von Creme oder Grau. Weiß wirkt im Abendlicht rosig, im Winterlicht bläulich und im Kerzenlicht warm. Seine Bandbreite reicht von dem zarten Creme einer Eierschale bis zum kühlen Grau von Marmor, von kuschelig-warmer, matter Wolle bis zu silbrig schimmernder Seide. Weiß ist die Farbe des Friedens und der Unschuld, der Ruhe und Behaglichkeit, der Schlichtheit und Romantik. Es vermittelt Frische, Helligkeit, Sauberkeit und Schönheit, wirkt wohltuend zeitlos, ruhig und aufgeräumt. Ein Raum in Weiß tut der Seele gut. Als Wohnfarbe wirkt Weiß luxuriös und zugleich schlicht, darum ist es ein idealer Hintergrund für Strukturen und andere Farben. Weiß passt zu jedem Einrichtungsstil und ist traditionell die bevorzugte Farbe für einen festlich gedeckten Tisch. Für ein ruhiges Schlafzimmer. Für eine aufgeräumte Küche. Für ein märchenhaftes, sinnliches Wohnzimmer. Weiß ist ein ideales Bindeglied für Räume, in denen klassische und moderne Elemente gemixt werden. Selbst Räume ganz in Weiß bieten enormen gestalterischen Spielraum. Weiß hat das Wesen eines Chamäleons. Sogar ein schwerer Vorhang sieht in Weiß leicht und luftig aus. Wer mit Licht, Schatten und Texturen zu spielen versteht, kann Weiß in immer neuen Varianten präsentieren. Denken Sie nur an die Unterschiede zwischen einer matten Mauer mit rauem Verputz, durchsichtigem Musselin, schimmerndem Porzellan, flauschigen Handtüchern oder zarter Spitze, dann wird Ihnen klar, dass Weiß weder klinisch noch langweilig ist, sondern enorm vielseitig. Am schönsten wirken Räume in Weiß, wenn für reichlich Abwechslung der Farbnuancen und der Oberflächenstrukturen gesorgt ist. Die Auswahl der Weißtöne ist groß. Für eine strenge, moderne Wohnung empfiehlt sich ein nahezu reines Weiß, während traditionell eingerichteten Räumen die wärmeren Rahmtöne schmeicheln. Weiß lässt Räume atmen. Es kühlt bei Hitze und wirkt in den dunklen Wintermonaten hell und freundlich. Creme ist sanft, warm und ruhig. Es drängt sich nicht in den Vordergrund und harmoniert gut mit Naturtönen. Klares Weiß dagegen wirkt frisch und verstärkt andere Farben. Weil es viel Licht reflektiert, lässt es Räume heller wirken und Unebenheiten in Wänden oder Decken weniger auffallen. Sie sehen: Ob Schnee oder Rahm, ob Marmor oder Sand: Weiß wirkt wahre Wunder.

Bodendielen in Milchweiß, überzogen mit trittfestem Klarlack.

Milch ist Kühle
an einem Sommertag
Milch ist Wärme
vor dem
Schlafengehen
Milch ist Schlichtheit
und Luxus
Milch ist ursprünglich
Milch ist rein

Ein ganzer Raum in Weiß – das geht! Hier erzeugen die Weißtöne ein faszinierendes Spiel mit Licht und Schatten. Wände und Fußleisten in Milchweiß, der Fußboden in Daunengrau mit einer schützenden Schicht Klarlack.

24

In dieser hellen Wohnung mit den vielen interessanten Durchblicken von einem Raum in den anderen wurde für Wände und Decken der Farbton Rahm verwendet, der – zusammen mit dem hellen Holzboden – alle Räume zu einer Einheit verbindet. Tageslicht, Lampen und Kaminfeuer sorgen dafür, dass das Weiß immer wieder anders wirkt. Die grafische Wirkung

des runden Wanddurchbruchs wird dadurch betont, dass man durch die Öffnung Wände und Sessel in wieder anderen Nuancen von Weiß sieht. Gerade dadurch kommen die Licht- und Schattenspiele ausgezeichnet zur Geltung. Der große Pfeiler im Wohnzimmer wirkt in frischem Weiß weniger wuchtig und scheint durch die Sockelleiste aus Naturholz fast zu schweben.

1 Puder 2 Aprikose 3 Daune 4 Elfenbein 5 Milch 6 Kiesel 7 Perle 8 Rahm 9 Aquamarin

Weiß ist eine ideale Grundlage für alle Farben und Wohnstile. Aber auch Räume ganz in Weiß sind zauberhaft, wie das rechts abgebildete Schlafzimmer zeigt. Hier wurde ausschließlich Milchweiß verwendet, der Raum wirkt dadurch sehr ruhig, aber strahlend hell. Hier wurden fast alle Flächen deckend mit glänzender Farbe gestrichen, die das Licht reflektiert. Aber auch abwechslungsreiche Strukturen, etwa matt-rauer Verputz, transparente Wischlasur und abwechslungsreiche Materialien (weiche Lammwolle, grobes Leinen, glänzender Kunststoff und flauschige Läufer) sehen Weiß in Weiß hervorragend aus, weil sie das Spiel von Licht und Schatten betonen. Denkbar wäre auch, warme und kühlere Weißtöne zu kombinieren. Wegen seiner Vielseitigkeit ist Weiß ein guter Partner für andere Farben. Zu kräftigen Farben wirkt es frisch, Pastellfarben nimmt es das Süßliche, es harmoniert mit Naturtönen und bildet mit Schwarz spannungsreiche Kontraste.

28

In dieser modernen Küche kommt die Vielseitigkeit von Weiß gut zum Ausdruck. Die Wände des hohen, hellen Raums strahlen in Milchweiß, während für den Boden ein Perlenton verwendet wurde (überzogen mit transparentem Schutzlack). Die Schranktüren und der Rahmen des gebogenen Fensters sind Daunengrau, das etwas wärmer ist und so verhindert, dass die

Atmosphäre klinisch wirkt. Das Geschirr steht in einem offenen Aluminiumregal – gut aufgeräumt, doch durch die verschiedenen Formen und Weißtöne zugleich zwanglos und lebendig. Gläser, Geschirr und das schlichte Aluminiumregal bilden eine gelungene optische Einheit. Nur die Stühle aus hellem Holz setzen in dieser weißen Welt einen dezenten Akzent.

Weiß lässt ein Haus luftig, hell und aufgeräumt wirken. Allen Moden zum Trotz ist es eine ideale Farbe für die Küche, denn es bildet auch einen ruhigen Hintergrund für all die Geräte und Utensilien, die man beim Kochen auf den Arbeitsflächen verteilt. Natürlich dürfen Farbakzente nicht fehlen, die der Küche Charakter geben. Auch für den Tisch ist Weiß eine geschickte Wahl. Die meisten Menschen essen am liebsten an einem in Weiß gedeckten Tisch, weil so die Speisen optimal zur Geltung kommen. Außerdem lässt eine weiße Tischdecke die vielfältigsten Dekorationsvarianten zu: klassisch mit weißem Porzellan und edlem Kristall, rustikal mit Holzschüsseln, asiatisch mit schwarzen und roten Lackschälchen…
In der rechts abgebildeten Küche wurde Weiß als Grundfarbe gewählt: Wände und Spritzschutz sind weiß, ebenso die Schrankfronten und Stühle und selbst der größte Teil des Geschirrs.
Belebt wird das Ambiente durch natürliche, rustikale Töne wie Grau, Grün und helles Holz. So wirkt diese moderne Küche funktional und doch sehr warm und behaglich.

2

Blau ist Freiheit

Lapislazuli

Zwielicht

Lavendel

Lagune

Meer

Wasser

Nebel

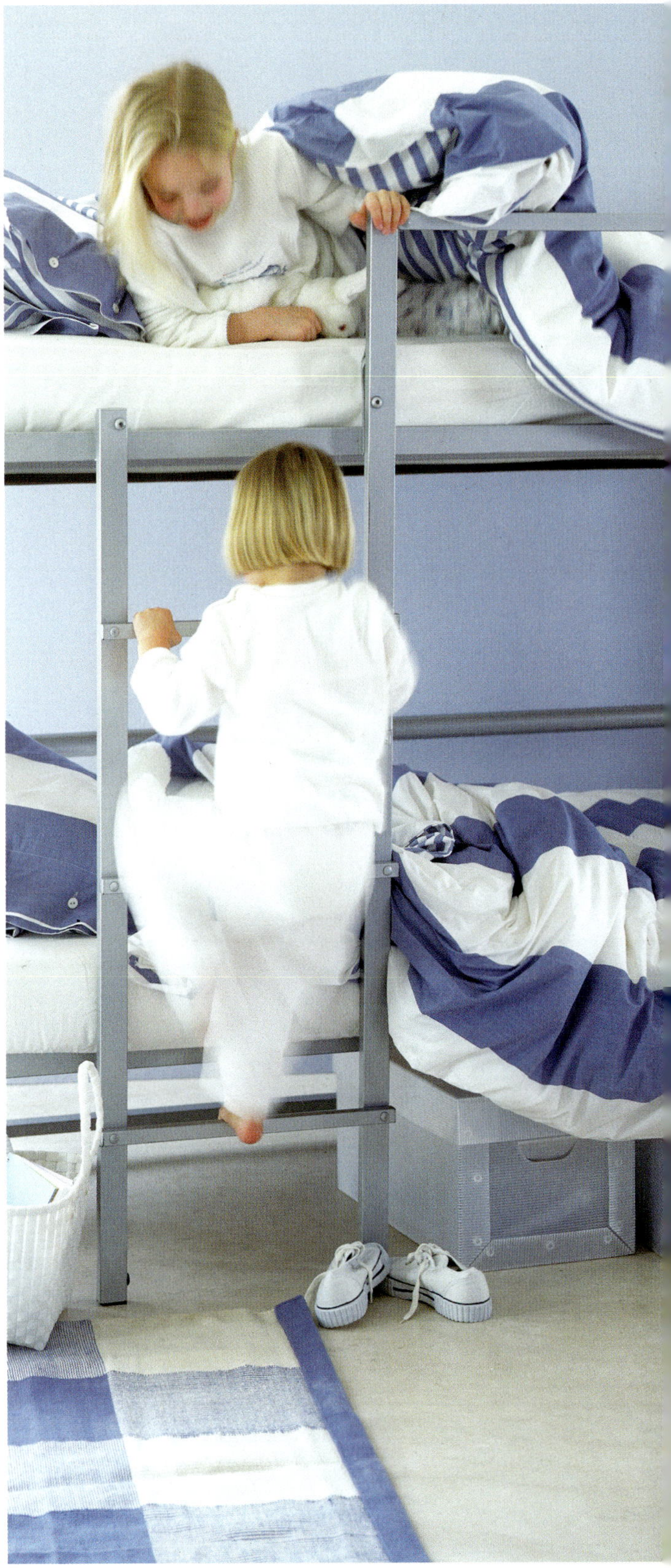

Blau kennt viele Spielarten. Es eignet sich für gewagte Kontraste – etwa zwischen der kobaltblauen Wand und dem weißen Sessel. Es kann frisch und anregend wirken wie die türkisblaue Wand in dem Arbeitszimmer. Im Schlafzimmer zeigt es sich dunkel und geheimnisvoll, das frische Wasserblau im Kinderzimmer dagegen vermittelt freundliche Heiterkeit.

Auf die Frage nach der Lieblingsfarbe nennen mehr als die Hälfte der Menschen die Farbe Blau. Mit Blau assoziieren wir Licht und Freiheit, vielleicht weil es die Farbe des Himmels ist. Blau wirkt beruhigend und frisch, es vermittelt Stabilität und Weite. Es ist die Farbe von zwei Elementen, die wir ebenfalls mit Weite und Helligkeit in Verbindung bringen: Licht und Wasser, Himmel und Meer. Ultramarinblaues Pigment gewann man aus dem kostbaren Lapislazuli, darum war es in der Renaissance ausschließlich dem Gewand der Madonna vorbehalten. So erhielt die Farbe Blau in der Kunst einen besonderen Stellenwert. Auch in der modernen Kunst spielte die Farbe Blau eine herausragende Rolle. Picasso schuf in seiner »blauen Periode« Meisterwerke, Yves Klein wurde mit seinem tiefen, intensiven Blau so bekannt wie Matisse mit den typischen Blautönen Südfrankreichs. Aber nicht zuletzt durch Jeans ist Blau auch eine Farbe für Jedermann. Vor allem Blautöne, die von Meer und Himmel inspiriert sind, haben viele Anhänger. Blau wirkt kühl, ruhig und neutral. Es verursacht keine Adrenalin-Ausschüttung, sondern beruhigt. Wie das Wasser vermittelt es Ferne und Tiefe. Es ist aber auch eine vielseitige Farbe mit vielen unterschiedlichen Nuancen – von geheimnisvoll grünlichem Wasserblau bis zu mystischem Dunkelviolett, von ätherischem Hellblau bis zu tiefem

Nachtblau. Blau kann kühl und frisch wirken, aber auch zart, feminin oder mysteriös. Zu den kühlen Blaunuancen gehören die Wassertöne, die an Schwimmbäder, das Mittelmeer oder die Fensterrahmen griechischer Dörfer erinnern. Wasserblau ist frisch wie Minze, friedlich und beruhigend. Daneben gibt es die neutraleren Blautöne, etwa freundliches Hellblau und die Klassiker Jeansblau und Marine. Blau mag als kühl gelten, doch es hat auch warme Nuancen, die zum Violett tendieren. Allein über die Violett-Familie könnte man ein ganzes Buch schreiben. Violetttöne enthalten Anteile von feurigem Rot und kühlem Blau, von Himmel und Erde – und auf diesen Gegensätzen beruht ihre magische Ausstrahlung. Blauviolett ist als Wohnfarbe unkonventionell, aber geheimnisvoll und intim. Blau und Violett sind die Farbanteile, die dem Dämmerlicht seine besondere Atmosphäre geben, die zum Grübeln und Träumen verleiten. Blasses Blau wirkt elegant und verträgt sich gut mit Türkis und silbrigen Tönen. Hellblau lässt Räume größer und ruhiger wirken, Graublautöne vermitteln Weite und stilvolle Eleganz. Flieder und Blau sind ideale Farben für Schlafräume. Sie wirken sauber, beruhigend, gefühlvoll und entspannend – so schaffen sie eine wunderbare Atmosphäre, um Gedanken und Träume fliegen zu lassen.

Regalrückwand in einem zarten Fliederton.

Träume sind Botschaften
des Herzens
Träume sind Fantasien,
in denen alles möglich ist
Träume sind
schlafende Zweifel
Träume sind Entspannung
Träume sind Schwierigkeiten,
die davon schweben
Träume sind Erinnerungen
an Dinge, die nicht waren

40

Wer Blau mag, kann Wände, Fußboden und Decke blau streichen. Es geht aber auch anders. Hier wurden Weiß und helle Naturfarben als dezenter Hintergrund für Möbel in ausdrucksvollen Blautönen gewählt.

42

Helles Graublau wirkt sehr zart und vermittelt angenehme Ruhe. Es passt zu modernen Wohnungen ebenso gut wie zu zeitlos oder klassisch eingerichteten. Kombiniert man es mit Grau und Weiß, kann es fast warm wirken. Die breiten Streifen an der Wand hinter dem Schreibtisch wirken ausdrucksvoll und grafisch, doch weil gedeckte Töne verwendet wurden, ist der Effekt

nicht aufdringlich. Als Kontrast zu dem eher sachlichen Fußboden des Wohnzimmers wurde die Wand hinter dem Sessel in einem warmen Fliederton gestrichen. Den Naturholztönen von Wäscheschrank und Tisch auf dem weißen Fußboden wird als kühler Kontrast eine wasserblaue Wand gegenüber gestellt.

1 Lavendel 2 Kobalt 3 Ultramarin 4 Lagune 5 Milch 6 Türkis 7 Nebel 8 Violett 9 Wasser 10 Taube 11 Lapislazuli 12 Rahm 13 Zwielicht

Blau ist nicht immer ruhig. Dass es auch erstaunlich lebhaft und fröhlich wirken kann, zeigt dieses Kinderzimmer in ganz unterschiedlichen Farbtönen. Für die Nische um das Bett wurde ein dunkles Blauviolett gewählt, für die angrenzende Wand ein hellerer, fast verträumter Ton. Milchweiße Rahmenleisten bilden einen frischen Kontrast. Blautöne – vom zarten Flieder und ätherischen Hellblau über frische Kobalt- und Türkistöne bis zu den dunkleren, dem Violett zuneigenden Anemonentönen – lassen sich ausgezeichnet miteinander kombinieren. Mit Weiß wirkt Blau frisch, mit Violett geheimnisvoll, mit Grün und Grau elegant. Und wer es besonders lebendig und fröhlich mag, setzt auf den Kontrast zu den Komplementärfarben Gelb und Orange. Reizvoll und zeitlos sind Kombinationen von Hellblau mit Brauntönen vom hellen Beige bis zum dunklen Schokoladenbraun. Und ausgesprochen spektakulär wirken Blautöne aller Schattierungen in Kombination mit Gold und Silber.

Wegen der Assoziationen mit Wasser und Himmel bietet sich Blau natürlich für Räume an, in denen man mit Wasser hantiert oder auf dem Rücken liegend seinen Träumen nachhängt: also für das Bad und das Schlafzimmer. Klassische Badezimmerfarben sind die frischen Wasser- und Türkistöne, die an weite Ozeane, Mittelmeerküsten oder einen luxuriösen Swimmingpool denken lassen. Ebenso schön sieht im Bad sanftes Verdigris aus, das ernst und ruhig wirkt. Wer sich lieber in einem Bad mit orientalisch-märchenhaftem Flair verwöhnen möchte, könnte sich für sattes Violett entscheiden. Im Schlafzimmer wirken zarte, kühle Blautöne ebenso ansprechend wie geheimnisvolles Violett. Helles Blau vermittelt etwas Leichtes, Schwebendes, während Violett verträumt und ein bisschen mystisch wirkt. Die Fotos auf der rechten Seite zeigen, wie gut sich auch frisches Wasserblau für ein Schlafzimmer eignet. Mit seiner modernen, energiegeladenen Ausstrahlung wirkt es ausgesprochen aufgeweckt.

3

Grün ist Ruhe

Olive | Pistazie | Biskuit | Vanille

Grün ist eine Farbe für das ganze Haus – ebenso geeignet für großflächige Anstriche wie für kleine Akzente. Die blattgrüne Wand hinter dem Schreibtisch ist ein Hingucker, während in der Werkstatt die grünen Sessel und die Gummiband-Werkzeughalterung in zwei Grüntönen an der Wand eher Akzentcharakter besitzen. Die grüne Küchenwand wirkt warm und freundlich.

Grün ist die Farbe der Bäume und des Grases, die Farbe der Natur. Grün ist uns so vertraut, weil wir ihm überall in unserer Umgebung begegnen. Und wegen dieser Vertrautheit empfinden wir Grün als entspannend und beruhigend. Grün erinnert uns daran, dass auch wir ein Teil der Natur sind, und hilft uns, ein Stück Natur in unsere »künstlichen« Häuser zu holen. Grün – das ist eine Oase, in der wir Stress abschütteln, denn die Farbe löst sogar in Belastungssituationen noch ein Gefühl von Wohlbehagen aus. Grün vermittelt Stabilität und Sicherheit. Es ist die Farbe der Fruchtbarkeit, der Harmonie und Ausgewogenheit. Und dass Grün auch die Farbe des Lebens und Wachsens ist, wird uns in jedem Frühjahr erneut bewusst. Wer den Blick ins Grüne schweifen lässt, fühlt sich gleich wohler. Es ist auch kein Zufall, dass Grün die bevorzugte Farbe für Klassenzimmer und Arbeitsräume ist, denn es beruhigt die Augen. Selbst die Namen der Grüntöne stammen direkt aus der Natur: Blattgrün, Grasgrün, Apfelgrün, Lindgrün, Mint, Erbsengrün, Olivgrün, Moosgrün, Verdigris, Jade- oder Smaragdgrün sind nur einige Beispiele der zahllosen Nuancen. Wie ein Grünton wirkt, hängt davon ab, ob der Blau- oder der Gelbanteil das Übergewicht hat. Bläuliche Grüns wie Meergrün empfinden wir als kühl und ruhig. Gelbstichige Grüns sind frischer und fröhlicher. Im Grün von Limetten beispielsweise vereinigen sich die Ruhe des reinen Grün mit der sonnigen Energie, die Gelb vermittelt. Eine klare Grenze zwischen Grün und

Gelb ist schwierig zu ziehen, doch je höher der Gelbanteil ist, desto heller und auffälliger wirkt das Grün. Gelb ist die Farbe der Kreativität und der Kommunikation, denn es regt die Gehirntätigkeit und die Sinne an. Es war kein Zufall, dass Goethe, der ein Experte auf dem Gebiet der Farben war, sein Arbeitszimmer gelb strich. Gelb strahlt die freundliche Wärme der Sonne aus. Wer blaustichige Grüntöne als allzu ruhig empfindet, könnte sich für Gelbgrün oder moderne, lebhafte Kombinationen von Gelb und Grün entscheiden. Kräftiges Limettengrün kann in modernen, in Neutralfarben eingerichteten Wohnungen freundliche Akzente setzen, verträgt sich aber auch erstaunlich gut mit Blau- und Violetttönen. Für traditionelle Wohnungen bieten sich sanfte, gelb- und graustichige Verdigris-Nuancen an, die vor allem in Kombination mit hellen und dunklen Neutraltönen sehr geschmackvoll und elegant wirken. Neutrale Grüntöne können leicht etwas flach und ausdruckslos wirken, weil sie sich vom Grün vor den Fenstern nicht genügend abheben. Für große Flächen ist darum freundliches Gelbgrün oder geheimnisvolles Blaugrün geschickter. Wer es klassisch und natürlich mag, sollte Grün mit Naturfarben und Holzmöbeln kombinieren und vielleicht mit etwas klarem Weiß auffrischen. Grün hat viele Gesichter, da überrascht es kaum, dass es sich als Wohnfarbe auf dem Vormarsch befindet. Zu Recht, denn ein bisschen Fröhlichkeit und Ruhe können wir alle in unserem hektischen Alltag gut gebrauchen.

Wand in ruhigem Salbeigrün.

Ruhe

Eine lange Wanderung
im dichten Wald
Das Schattenspiel
der Blätter
auf dem Boden
Das Grün eines
frisch gemähten Rasens
Wohltuend
Entspannend
Ruhig

Gelb wirkt weniger grell und unruhig, wenn es zum bräunlichen Grün tendiert. Dieses Senfgelb fällt zwar ins Auge, wirkt dabei aber erstaunlich ruhig und klassisch. Der Kontrast zu den weißen Wänden sorgt für Frische, der graue Sessel für Eleganz.

Krishnamurti
SONY
SHELLS
CISTERCIËNZER ABDIJEN

58

In dieser Wohnung ist die Vielgestaltigkeit von Grün gut zu erkennen. Auf immer neue Weise wird hier die Natur ins Haus geholt. Im Wohnzimmer harmonieren die matt graugüne Wand und die lindgrünen Möbel mit dem Holzfußboden und den dunklen Tönen von Spiegelrahmen und Flechtsesseln. Verschiedene grüne Glasobjekte vor einer Wand mit abblätterndem Lack ergeben im

Wintergarten ein Stillleben, das wie zufällig wirkt. Im Esszimmer steht ein salbeigrün gestrichener Schrank vor einer blass seegrünen Wand. Solche graustichigen Grüns lassen an Blätter mit winterlichem Raureif denken. Weil Grün eine so natürliche Ausstrahlung hat, vermittelt es vor allem in Kombination mit anderen Naturtönen eine sehr ruhige und harmonische Atmosphäre.

1 Olive 2 Salbei 3 Biskuit 4 Malachit 5 Rahm 6 Messing 7 Mint 8 Tanne 9 Limette 10 Gold 11 Silber 12 Lagune 13 Safran 14 Farn 15 Curry 16 Milch 17 Pistazie

Ob Grün Ruhe vermittelt oder eher fröhlich und anregend wirkt, hängt davon ab, in welchen Mengen und in welcher Intensität es in der Wohnung eingesetzt wird. Hellgrün beispielsweise ist sehr sanft, während sich Seegrün als Alternative zum klassischen Blau für Badezimmer anbietet. Apfelgrün mit klarem Weiß wirkt frisch und zeitlos, Dunkelgrün mit Rahmweiß dagegen elegant. Unkonventionell und modern sind Kombinationen von Türkis mit Grasgrün, Blaugrün und Lindgrün oder von zartem Grün mit knalligem Gelb. Eine warme, behagliche Atmosphäre entsteht durch Kombinationen von dunklerem Olivgrün mit Rot, Braun oder Gold, während ein Zimmer in Gelb und Limettengrün frühlingshaften Optimismus verbreitet. Grüntöne vertragen sich, wie das Foto rechts zeigt, ausgesprochen gut mit natürlichen Materialien.

Grün verträgt sich ausgezeichnet mit anderen Naturfarben wie Erdbraun, Terrakotta oder helleren Sandtönen. Ebenso gut harmoniert es mit natürlichen Materialien wie Holz, Schiefer, Granit oder Sandstein. Grob gewebtes Leinen und unregelmäßig geformte Keramik bringen den natürlichen Charakter der Farbe Grün perfekt zum Ausdruck, immerhin ist Grün die »Urfarbe« der Natur. Gleichermaßen gut eignet sich Grün aber auch für moderne Kontraste. So bilden die grünen Mosaik-Fliesen ein warmes Gegengewicht zu den Edelstahlfronten der High-Tech-Küche, die auf dem rechten Foto zu sehen ist. Um dem modernen Charakter der Küche Rechnung zu tragen, wurde hier bewusst ein frisches, helles Grün gewählt. Wie viel Grün einer Wohnung gut bekommt, lässt sich nur durch Experimentieren herausfinden. Natürlich spielt auch der persönliche Geschmack eine Rolle, denn nicht jeder fühlt sich mit einer knallgrünen Wand wohl. Wer sich lieber auf grüne Akzente in einem eher neutral gestalteten Raum beschränkt, vielleicht einen einzelnen grünen Sessel, Streifen an einer Wand oder einige gemütliche Kissen, kann nichts falsch machen.

4

Rot ist Leidenschaft

Aubergine Granat Fuchsia Orange Rosenquarz

Alle Rottöne lassen Räume »sprechen«, darum eignen sie sich besonders für Bereiche wie Flur und Treppenhaus, die bei der Gestaltung oft eher stiefmütterlich behandelt werden. Farbige Streifen im Flur, eine dunkelrote Wand hinter der leichten Metalltreppe oder eine Täfelung in knalligem Pink – solche Akzente sorgen für Aufsehen und vermitteln lebendige Wärme.

Vom warmen Orange bis zum satten Erdbeerrot, vom knalligen Magenta bis zum zartesten Rosa, von Himbeere bis Bordeaux: Keine Farbgruppe umfasst so viele gewagte Töne wie die Familie der Rottöne. Rot ist eine Farbe der Extreme. Es wirkt warm und behaglich, steht aber auch für Gefahr und Kühnheit. In Form eines roten Lippenstifts wirkt es anziehend und leidenschaftlich, rote Bremslichter hingegen sind ein Warnzeichen. Als Signalfarbe ist uns Rot auch aus der Natur vertraut und kann gleichermaßen für Gefahr (giftige Beeren) oder Genuss (süße Früchte) stehen. Rot ist eine Farbe mit Blickfangwirkung: Die Blüten des Klatschmohns auf einer Wiese springen uns sofort ins Auge, ebenso wie die Frau im roten Kleid im Großstadtgetümmel. Interessant ist übrigens, dass viel mehr Frauen als Männer Rot als ihre Lieblingsfarbe bezeichnen. Selbst magische Kräfte werden dieser Farbe angedichtet. In Persien knüpfte man rote Fäden – und seien es nur ganz wenige – in Teppiche, um den bösen Blick abzuwenden. Rosa und Orange haben die gleichen Eigenschaften und verleihen als Kombinationspartner dem klaren Rot noch größere Leuchtkraft. Orange vereinigt die Wirkung von Rot und Gelb in sich und vermittelt Wärme und Wohlbehagen. Rosa ist zwar im Grunde nur Rot mit einem Anteil Weiß, hat aber einen ganz eigenen Charakter. Rosatöne können frech wie knalliges Pink sein, aber auch ganz hell, zart und romantisch. Alle Spielarten von Rot wirken aber wärmend und anregend, darum eignen sie sich gut, um etwas Spannung in die Einrichtung zu bringen. Viele Menschen scheuen sich, Rot als Wohnfarbe zu wählen, weil sie fürchten, dass es zu unruhig wirkt. Dabei kann Rot mit den passenden Kombipartnern Räume erst richtig zum Leben erwecken. Es bietet sich für Bereiche an, die etwas kraftlos wirken oder in denen man seine Energiereserven erneuern möchte. Die Wirkung einer einzigen roten Wand in einem neutral gehaltenen Zimmer ist beeindruckend. Noch mutiger wäre es, einen ganzen Raum rot zu streichen, in dem man sich überwiegend bei Kunstlicht aufhält. Orange wirkt von allen Rottönen am wärmsten und lebhaftesten. Weil es die Kreativität anregt, empfiehlt es sich besonders für das Arbeitszimmer. Rosa ist viel mehr als eine niedliche, feminine Farbe für ein Kleinmädchenzimmer. Es kann auch im Wohnzimmer sehr ansprechend und behaglich wirken. Streicht man nur eine Wand in einem kräftigen Rot, Orange oder Rosa, wird der Raum im Nu optisch erwärmt. Noch viel aufregender und exotischer wirkt aber eine Kombination aus Rot-, Orange- und Pinktönen, die alle überkommenen Vorstellungen von Farben, die »sich beißen« über den Haufen wirft. Wer solche mutigen Kombinationen wagt, wird mit einem faszinierend lebendigen Ergebnis belohnt. Ruhiger ist eine helle Grundgestaltung mit Akzenten in Rot, Rosa oder Orange, denn Weiß oder Naturtöne sorgen dafür, dass das Rot nicht zu dominant wirkt. Kurzum, die Dosierung von Rot in der Wohnung ist letztlich eine Frage kaltblütiger Entscheidung und warmblütigen Geschmacks.

Wand in warmem Tomatenrot.

Rot
ist Liebe
Rot ist Wärme
und Kaltblütigkeit
Rot ist Leidenschaft
und Gefahr
Rot ist Zärtlichkeit
und Feuer
eingefangen in einem Kuss

Wände in zartem Rosa und Weiß können modern und dabei sehr romantisch wirken. Die Kombination ist nicht zu süßlich und gibt einen ausgezeichneten Hintergrund für moderne und verspielte Möbel ab. Der Raum wirkt heiter und kein bisschen niedlich oder kindlich.

74

Rot, Orange und Rosa wirken belebend und inspirierend – damit lässt sich gut arbeiten! Reichlich Weiß sorgt in diesem Arbeitszimmer für den nötigen Ausgleich zu den lebhaften Farben. Damit auf der Pinnwand in kräftigem Granatrot Wichtiges gleich ins Auge fällt, wurden in diesem Bereich des Raums nur vereinzelt rote Akzente gesetzt. Der Pfeiler wirkt durch den

fröhlichen Anstrich in Orange, das nach einem geringelten Abschnitt in das Weiß der Decke übergeht, gar nicht mehr kantig und industriell. Rechts ein selbst gemachtes Kunstwerk – schnell gemalt mit fein abgestimmten Rottönen auf Leinwand. Übrigens ist auch Wandtafelfarbe in solchen Farbtönen zu haben!

1 Aubergine 2 Ziegel 3 Gold 4 Rosenquarz 5 Terrakotta 6 Bordeaux 7 Rahm 8 Malve 9 Fuchsia 10 Orange 11 Milch 12 Granat

Rottöne von Zinnober bis zum dunklen Bordeaux, von Orangenblütenweiß bis zum tiefen Orange, vom hauchzarten Rosé bis zum kräftigen Fuchsienpink lassen sich wunderbar miteinander kombinieren, obwohl es so oft heißt, dass diese Farben sich nicht vertragen. Rot mit Orange und Pink wirkt feurig und exotisch. Wer es lieber etwas ruhiger mag, setzt reichlich Weiß als Gegengewicht ein oder kombiniert klares Rot mit kühlen, blaustichigen Rot- und Violetttönen. Rosa scheint so zart und hell zu sein, doch zusammen mit anderen Rottönen bekommt es gleich viel mehr Profil. Je kräftiger ein Rosaton ist und je mehr er zum Violett tendiert, desto frischer und moderner wirkt er. Durch Akzente in Komplementärfarben werden Rottöne zusätzlich betont. Ob klares Rot und Grün, Fuchsia und Limette oder Orange und Blau: Kontraste beleben! Wer Rot ausschließlich als Akzentfarbe einsetzen möchte, sollte einmal über grafische Effekte auf weißem Grund nachdenken. Das Foto rechts zeigt ein Zahlenmotiv in Granatrot auf weißem Grund.

18
05

Rot ist eine kraftvolle Farbe, aber das bedeutet nicht, dass sie einen Raum beherrschen muss. Dieser überwiegend in Weiß gehaltene Raum könnte etwas zu ruhig, kühl und sachlich wirken, wenn nicht der tomatenrote Sessel und die Wand in Himbeerrosa Originalität und Wärme beisteuern würden.

Die amerikanische Schriftstellerin Dorothy Parker (1893-1967) machte sich mit ihrer spitzen Feder einen internationalen Namen. Ihr Haus war ganz in Rottönen gestaltet: Rosa, Scharlachrot, Zinnober, Mahagoni, Dunkelrosa, Rosarot, Rotbraun und Fuchsia. Ausdrucksvolle, leidenschaftliche Farben für eine Persönlichkeit, deren Metier der Ausdruck war. Kräftige Rottöne sind sicherlich nichts für zart besaitete Menschen, und nicht jedem wäre ein Haus angenehm, das buchstäblich in Rot getaucht ist. Rot kann aber auch ganz subtil daherkommen. Dem Wohlfühlfaktor von sanftem Rosa beispielsweise kann sich niemand entziehen. In einem Interieur ganz in Weiß kann schon eine einzelne Wand in Rot oder Orange sehr ausgewogen aussehen. Wer große Flächen in kräftigem Rot als allzu dominant empfindet, kann immer noch kleinere rote Akzente als Blickfang einsetzen. Ein oder zwei Sofakissen in Rot oder Orange reichen oft schon aus. Auch für grafische Effekte eignen Rottöne sich hervorragend. Das Foto rechts zeigt, wie ein schlicht weißer Flur durch einen Streifen simpler Rechtecke in verschiedenen Rottönen gleich viel interessanter, fröhlicher und einladender gestaltet werden kann.

5

Bunt ist Fröhlichkeit

Granat	Fuchsia	Terrakotta	Zwielicht	Lavendel
Lagune	Silber	Gold	Pistazie	Vanille

Stoffe und Geschirr, Blumen und Möbel sind wichtige Hilfsmittel zur Wohnraumgestaltung, und natürlich kann man sich Lacke und Farben in allen nur denkbaren Tönen mischen lassen. Warum nicht ein kräftiges Pink für den Fußboden im Kinderzimmer? Oder ein einzelner Stuhl in Himbeerrosa vor einer pistaziengrünen Wand im Flur?

Farbe ist überall. Eine Wildblumenwiese oder ein kunterbunter Wochenmarkt vermitteln die geballte Pracht aller nur denkbaren (und undenkbaren) Farben, obwohl sie nicht nach einem wohldurchdachten Farbschema »komponiert« sind. Was bunt ist, wirkt sonnig, unbekümmert, frisch und freundlich und vermittelt gerade durch die manchmal abenteuerlichen Kombinationen eine sprühende Energie. Wir bestaunen einen Regenbogen am Himmel und können stundenlang ein Kaleidoskop drehen, um immer neue Kombinationen der bunten Steinchen zu betrachten. Selbst in einer strengen, nüchternen Kirche halten wir den Atem an, wenn ein Sonnenstrahl auf die Buntglasfenster fällt und sie in Edelsteinfarben leuchten lässt. Vielfarbigkeit rührt an unser Bedürfnis, uns auszudrücken. In der Stadt nehmen wir die Natur dadurch wahr, dass sie sich dem Grau in Grau nicht anpasst. Und auch im Haus hat mutige Vielfarbigkeit eine ungewohnte, aber sehr natürliche Ausstrahlung. Ein buntes Haus erzählt von Bewohnern, die das Leben zu genießen wissen. Die Farben von Konfetti, Limonade, Malkasten und Bonbons erinnern an fröhliche Kindertage und suggerieren die vergnügte Anarchie der Villa Kunterbunt. Trotzdem muss eine vielfarbige Wohnung keineswegs kindlich wirken. Sie kann quirlig wie ein Jahrmarkt oder getupft wie eine Blumenwiese sein, das Bohème-Flair eines Künstlerateliers oder die Ausgelassenheit einer Gartenparty vermitteln. Man könnte sie auch raffiniert wie ein Stillleben aus den 70er-Jahren gestalten, verführerisch wie ein Boudoir oder elegant wie ein Renaissance-Palais. Kurzum, Vielfarbigkeit kann viele Gestalten annehmen. Ein Blumengarten besticht durch seine frischen, frühlingshaften Farben. Auf einem Markt finden wir die Farben von Gewürzen und Stoffen, und in einer modernen Einkaufspassage freche, moderne Farbkombinationen. Auch die Farben anderer Länder können Anregungen liefern. In Indien beispielsweise werden Rot, Orange, Pink, Dunkelblau und Apfelgrün unbekümmert kombiniert, während man bei Lavendel, Lachsrosa und Sonnenblumengelb sofort an die Provence denkt. Ein bekanntes Bild aus den engen Gassen einer marokkanischen Medina sind glänzende Stoffe, Silber und Kupfer. Manche dieser Kombinationen wirken hierzulande anders als in ihrer natürlichen Umgebung, weil das Licht in unseren Breiten kühler ist. Ideen lassen sich aber überall finden und es ist leicht, sie auf den eigenen Geschmack abzustimmen. Mehrfarbigkeit heißt keineswegs, dass alle Regenbogenfarben vertreten sein müssen. Reizvoll ist der Kontrast zwischen zwei starken Farben wie Pink und Limettengrün oder zwischen Komplementärfarben wie Orange und Blau, vielleicht unterstützt durch ausgewählte Akzente. Eine waagerechte Bahn aus verschiedenfarbigen Streifen auf der Wand genügt, um ein allzu schlichtes Zimmer aufzupeppen. Ebenso wirken sechs identische Stühle viel origineller, wenn sie in verschiedenen Farben gestrichen werden. Vielfarbigkeit ist eine Freiheit, der nur die eigene Fantasie Grenzen setzt.

Eine Wand mit grafischen Feldern in verschiedenen Farben.
Unterste Reihe v.l.n.r.: Pistazie, Taube und Nebel.
Mittlere Reihe v.l.n.r.: Silber, Wasser und Granat.
Obere Reihe v.l.n.r.: Pistazie, Nebel und Curry.

Wer **das Bunte** liebt,
will auf nichts
verzichten:
nicht auf goldene Sterne,
nicht auf Morgenröte,
nicht auf Nebelgrau,
nicht auf Meeresblau,
nicht auf Sonnengelb
Vielfarbigkeit ist Freiheit
zum Spielen

Dass ein vielfarbiger Raum auch introvertiert wirken kann, zeigt dieses sonnige Familienwohnzimmer. Die Grundlage der Gestaltung bilden der helle Naturton von Holzboden und Möbeln sowie ein zartes Hellgrau an den Wänden. Kissen, Lampen und Teppiche in sanften Fruchtfarben setzen Akzente.

92

Diese Wohnung sprüht vor Farbe und Fröhlichkeit. Die Stühle im Esszimmer haben zwar die gleiche Form, aber unterschiedliche Farben. Für die Wände wurde ein helles Himmelblau gewählt. Im Kinderzimmer setzen Buchstaben in Silbergrau, Granatrot, Meerblau und zartem

Flieder Akzente auf der weißen Wand. Im Wohnzimmer wird die Farbenpracht dadurch gebändigt, dass sie sich auf ein breites Band aus bunten Streifen auf der Wand beschränkt, während der übrige Raum hauptsächlich in Weiß gehalten ist.

1 Silber 2 Milch 3 Safran 4 Limette 5 Zwielicht 6 Fuchsia 7 Lavendel 8 Granat 9 Kobalt 10 Lagune 11 Gold 12 Pistazie 13 Rahm 14 Terrakotta 15 Malve

Wer bunt wohnen möchte, muss sich keinen strengen Gesetzen unterwerfen. Erlaubt ist, was gefällt. Je nach gewünschtem Effekt sollte man aber einige Faustregeln beachten. Ein bewährtes Rezept besteht darin, Weiß oder Naturtöne als Basis für eine vielfarbige Gestaltung zu wählen. Ebenso wirkungsvoll ist es, sich für einen Tonwert zu entscheiden, also beispielsweise nur verschiedene tiefe Töne zu kombinieren oder konsequent helle Farben zu verwenden. Auf jeden Fall ist das Kinderzimmer nicht der einzige Raum, in dem Mehrfarbigkeit überzeugend wirkt. Natürlich liegt es nahe, ein Kinderzimmer kunterbunt zu gestalten. Doch auch eine Spielecke im Familien-Wohnzimmer kann fröhlich-bunte Farben gut vertragen, wie das Foto rechts zeigt. Der Tisch in klarem Rot bildet einen schönen Kontrast zu der Wand in Himmelblau. Dass man sich in einem solchen Bereich gern aufhält, hat allerdings gar nichts mit dem Lebensalter zu tun…

Eine mehrfarbige Wohnraumgestaltung ist keineswegs an einen bestimmten Stil oder eine spezielle Atmosphäre gebunden. Bunt ist eigentlich unspezifisch. Es kann romantisch oder üppig wirken, an eine Blumenwiese oder ein Mädchenzimmer erinnern. Es kann aber auch sehr elegant sein, etwa in einem neoklassizistischen Haus voll edler Samt- und Damaststoffe mit Wänden in ausdrucksstarken Farben. Selbst einem strengen, grafischen, modernen Ambiente stehen verschiedene Farben gut zu Gesicht, sofern ihre Lebendigkeit etwas im Zaum gehalten wird. Das gelingt am einfachsten, wenn man als Grundfarbe der Räume Weiß wählt und gezielt Akzente in gewagten Farben setzt, die sich vor dem neutralen Hintergrund lebhaft abheben. Wichtig ist aber, dass solche Akzente durch ihre Formensprache zu dem modernen Ambiente passen. Minimalistisch-schlichte Formen sind eine reizvolle Basis für explosive Farben. Ein gutes Beispiel ist die Reihe aus identisch geformten Stühlen in knalligen Farben unter einem auf die Wand gemalten Band aus gleichmäßigen Streifen, in denen sich die Farben der Stühle wiederholen.

6

Schwarz-Weiß ist Eleganz

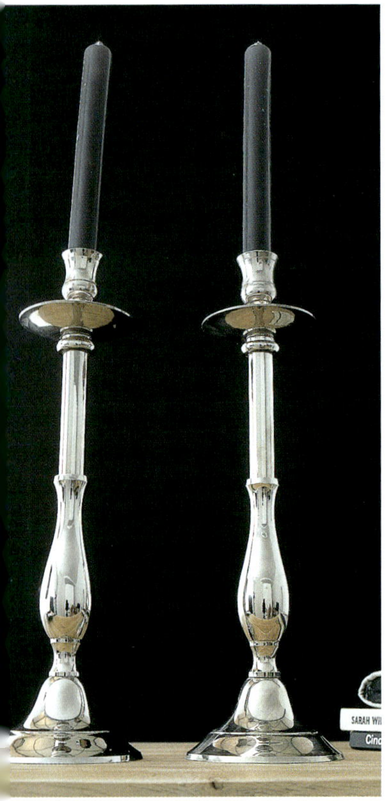

Schiefer

Flanell

Tau

Perle

Rahm

Schwarz, Weiß und alle dazwischen liegenden Grautöne strahlen stilvolle Eleganz und Behaglichkeit aus. Grau passt zu jedem Wohnstil. Wie viele Gesichter Grau haben kann, zeigen die anthrazitfarbene Wand hinter den Silberleuchtern, die ebenholzfarbene Treppe und der Wohnzimmerschrank, der graugrüne Einbauschrank und das Bad in hellem, bläulichem Grau.

Schwarz, Weiß und Grau sind streng genommen keine Farben, weil sie im Farbkreis nicht vertreten sind. Aus der Wohnung sind sie aber nicht wegzudenken. Weiß ist eine bewährte Basis für helle, frische Räume. Tiefes Schwarz setzt markante Akzente. Schwarz und Weiß bilden den größtmöglichen Kontrast – hell und dunkel, dezent und gewagt, klassisch und modern. Schwarz-weiß ist ein Evergreen, man denke nur an die Schrift auf Papier, den Zebrastreifen oder den Smoking mit weißem Hemd. Schwarz besitzt die Fähigkeit, Weiß weißer und Farben ausdrucksvoller wirken zu lassen. Die geheimnisvolle »Farbe« empfiehlt sich vor allem für Accessoires und zeugt oft von Sorgfalt im Detail. Darüber hinaus hat Schwarz viele feine Nuancen, vom tiefsten Ebenholzton bis zu Schattierungen mit feinen Untertönen, etwa Anthrazit, dunkles Blaugrau und das intensive, blaustichige Tintenschwarz. In Verbindung mit Weiß wirkt Schwarz fast immer grafisch. In einem schwarzen Leistenrahmen hebt sich ein Druck erst richtig von der Wand ab, ebenso kann Schwarz die Form eines Möbels betonen. Es ist die ideale Farbe, um Kontraste zu erzeugen. Unkonventionelle Accessoires und dunkle Holzsorten vertragen sich gut mit Schwarz, beispielsweise sieht ein dunkles Holzkohlegrau zu Naturholz oder Holzböden sehr interessant aus. Wer es weniger kontrastreich mag, ist mit Grau gut beraten. Auf der Skala zwischen Schwarz und Weiß finden sich zahllose Grautöne. Silbergrau ist neutral. Es macht sich nicht wichtig, lenkt nicht ab. Platziert man Grau zwischen zwei kräftigen Farben, wirken beide Nachbarn intensiver. Aber nicht alle Grautöne sind neutral. Und nicht umsonst werden die Grautöne auch als Wohnfarben immer beliebter. Helles Grau wirkt vor allem geschmackvoll, chic, elegant und dabei doch behaglich. Die Grautöne des ruhigen Meers, der tief über dem Land hängenden Wolkendecke oder des stillen Nebels haben eine wohltuende Bedächtigkeit, die wir uns auch in unseren Wohnungen wünschen. Obwohl Weiß eine bewährte Basisfarbe ist, lohnt es sich, als Alternative einmal diese dezenten Nebeltöne in Betracht zu ziehen. Grau bildet einen guten Hintergrund für viele Farben und wirkt in Gesellschaft von Schwarz und Weiß – oder von Naturtönen – ausgesprochen chic. Grau ist vielseitig. Blau- und grünstichige Grautöne wirken sanft und weich, Grau mit braunem Unterton erdig und Grau mit einem Rosastich anheimelnd warm. Ein Raum in Schwarz-Weiß-Grau vermittelt stilvolle Zeitlosigkeit, vor allem, wenn unterschiedliche Texturen – glatt und haarig, matt und glänzend – für Abwechslung sorgen. Mattes Holzkohlenschwarz wirkt ganz anders als schwarz glänzender Satin, und eine milchweiß gestrichene Wand hat eine andere Ausstrahlung als glattes, weißes Porzellan. Außerdem bieten sich Schwarz, Weiß und Grau für Spielereien mit grafischen Mustern wie Streifen und Karos an. Schwarz und Weiß sind die Partner des Dreiergespanns, die für Kontraste sorgen und zu denen Grau ein sanftes, ruhiges Gegengewicht bildet.

Wände in Nebelgrau und Milchweiß.

Tau ist langsames
Erwachen am Morgen
vom letzten Tröpfeln
des nächtlichen Regens
Stille Wolkenmassen
und Eiseskälte
liegen auf den
Weiden
Helligkeit und Licht

Ein überwiegend in Naturfarben gehaltener Raum bekommt durch einen hohen Anteil von Grautönen eine ruhige, moderne Ausstrahlung. Für die Wand wurde ein klarer, interessanter Lehmton gewählt, der beweist, dass Grautöne auch sehr warm wirken können.

Schwarz, Weiß und vor allem Grau sind die klassischen Arbeitszimmerfarben, allerdings gilt »Officegrau« als recht langweilig. Aber Grautöne können auch eine warme, gesellige, atelierartige Atmosphäre vermitteln. Im Raum links wurde auf den Dielenboden ein Schachbrettmuster in Schwarz und Weiß gemalt und mit einem Schutzlack überzogen. Das mittlere Foto zeigt eine

Bürowand in einem dunklen, warmen Grau, die mit großen Zahlen und Magnetleisten in einen witzigen Kalender verwandelt wurde. Der Arbeitsplatz unter der Dachschräge ist ganz in Weiß gehalten, nur der Fußboden wurde in edlem Schiefergrau gestrichen. Trotz der puristischen Gestaltung in Schwarz-Weiß wirkt dieser Raum freundlich und lässig.

1 Schiefer 2 Tau 3 Kitt 4 Milch 5 Rahm 6 Lehm 7 Schwarz
8 Perle 9 Flanell 10 Sand

Mit nichts als Schwarz, Weiß und Grau sind zahllose Kombinationen möglich. Schwarz-Weiß ist ein bewährtes Gespann, das selbst hypermodern eingerichteten Wohnungen noch eine gewisse Zeitlosigkeit verleihen kann. Schwarz-weiße Schachbrettmuster kommen ebenso wenig aus der Mode wie weiße Flächen mit schwarzer Umrahmung. Ein schwarzer Boden kann in einem weißen Raum spektakulär wirken. Als Wandfarbe ist Schwarz heikel, doch eine einzelne schwarze Wand kann durchaus reizvoll sein, wenn die übrigen Wände weiß bleiben. Wer reines Schwarz-Weiß zu krass findet, kann den Kontrast mit zahllosen Grautönen abschwächen – von dunklem Schiefer über warmes Perlgrau bis zu kühlem Nebelgrau. Als Basisfarbe ist Grau eine interessante Alternative zu Weiß, denn es eignet sich für viele Farben als Hintergrund und harmoniert gut mit Naturtönen. Grautöne laden zu Spielereien mit grafischen Effekten ein. Das Foto rechts zeigt drei Uhren auf einem Streifen in Schiefergrau, darunter wurde die Wand in einem helleren Granitgrau gestrichen.

Weiß, Grau und Naturtöne sind ein gutes Team zur Gestaltung moderner Wohnräume. Sie haben eine unverschnörkelte, klare Ausstrahlung, ohne dabei übertrieben minimalistisch zu wirken. Wer dunkles, helles und ausgeblichenes Holz mit warmen Grautönen kombiniert, kann sicher sein, dass die Wirkung nicht nüchtern und kalt ist, sondern behaglich und »erdig«. Die Fotos rechts stammen aus dem Haus, dessen Erdgeschoss im Kapitel über die Farbe Weiß vorgestellt wurde. Im Obergeschoss spielen die Besitzer mit verschiedenen Grautönen, zu denen warmes Holz und frisches Weiß als Gegengewicht eingesetzt werden. Die mit Tafelfarbe gestrichene Wand im Flur ist ein besonders interessanter Akzent. Je mehr die »Tafel« benutzt wird, desto stärker vergraut sie – und desto lebendiger wirkt ihre Oberfläche. Für die Wände wurde hier ein Kittgrau gewählt, von dem sich der weiße Spiegelrahmen abhebt. In Kombination mit den hellen Bodendielen und dem graustichigen Holz der Brüstung entsteht so ein spannungsvolles, abwechslungsreiches Zusammenspiel von Flächen, Farben und Texturen, das sanfter und gefälliger wirkt als der harte Kontrast von reinem Schwarz und Weiß.

RACER

7

Natur ist Entspannung

Schokolade Aubergine Rost Kitt Pfirsich

Soll eine Wohnung chic, ruhig und wie aus einem Guss wirken, ist eine Gestaltung in Naturfarben ein sicheres Rezept. Das Gleiche gilt auch für Naturmaterialien wie Holz, Leder und Keramik. Wie verblüffend groß das Spektrum der Naturfarben ist, zeigt die Wand auf dem kleinen Foto unten rechts mit Streifen in Aubergine, Schiefer, Schokoladenbraun und blassem Graublau.

Sand, Steine und Lehm. Schiefer, Kiesel und Ocker, Terrakotta, gebrannte Siena und Kastanie... Die Namen der Naturfarben machen deutlich, warum wir diese Farben so schätzen: Sie sprechen unsere Erdverbundenheit an. Erdfarben haben etwas Unkompliziertes, Ungezwungenes und besitzen eine besondere, unaufdringliche Ausdruckskraft. Es sind Farben der Wärme und Behaglichkeit, Farben von Brot und Schokolade, die wir als sinnlich und sanft, beruhigend und harmonisch empfinden. Aber sie können auch elegant, zart, kräftig oder rustikal wirken und als Wohnfarben sowohl bescheidene Schlichtheit als auch verblüffenden Chic ausstrahlen. Naturfarben drängen sich nicht in den Vordergrund. Selbst die intensivsten Töne vermitteln noch Ruhe und wirken dadurch auch auf uns Menschen entspannend. Im Licht erwachen sie zum Leben, bleiben aber trotzdem dezent. Bei alledem bilden die Naturtöne eine sehr große und vielseitige Farbenfamilie. Sie umfasst kühle und warme Nuancen, helle und dunkle Varianten. Bei allen Naturfarben spielt aber die Struktur der Materialoberfläche für die Ausstrahlung eine wichtige Rolle. Alle interessanten Texturen – ob grob gewebtes Leinen, weiches Fell, Keramik, verblichenes Treibholz, Muscheln, antike Spitze, ungebleichte Baumwolle, Kokosläufer auf einem Holzdielenboden, Reispapierlampen oder Kiesel – können Anregungen für ein Farbschema liefern. Jede Naturfarbe hat ihre eigene Ausstrahlung. Braun ist die Farbe der Erde und eignet sich darum ideal für Bodenbeläge, denn es gibt uns das Gefühl, festen Boden unter den Füßen zu haben. Dunkelbraun lädt zum Rückzug und zum gemütlichen Einkuscheln ein, während Rahmtöne subtilen Chic vermitteln und graustichige Naturtöne etwas Kühl-Elegantes haben. Naturfarben suggerieren selbst in kleinen Zimmern Weite und entspannte Ruhe. Wegen ihrer zurückhaltenden Ausstrahlung können Naturfarben leicht etwas fade aussehen, doch dagegen lässt sich etwas tun. Wer es lebhafter mag, könnte auf Kontraste vertrauen und in einem Raum, der hauptsächlich in hellen Cremetönen gehalten ist, gezielt Akzente in dunklem Schokoladenbraun setzen. Weil alle Erdfarben miteinander harmonieren, kann man sie nach Herzenslust kombinieren. Das Mixen von warmen und kühlen Tönen verlangt etwas Fingerspitzengefühl. Schöner sieht es oft aus, wenn man eine lebhaftere Farbe, je nach Geschmack und Wohnstil beispielsweise Rot oder Blau, als Kombipartner verwendet. Kühle Naturtöne wirken generell etwas moderner und eignen sich gut für zeitgemäße Einrichtungen, weil sie auch mit Stahl, Grautönen und gebleichten Holzböden harmonieren. Für klassisch eingerichtete Wohnungen sind Kombinationen von Creme, Ecru und warmen Naturtönen ein bewährtes Rezept. Oft ist es gar nicht nötig, eine strenge Stilentscheidung zu fällen, denn Materialien mit ruhiger Ausstrahlung, etwa Kokosläufer, Schiffsbodenparkett, grobes Leinen und Naturstein passen letztlich zu jedem Wohnstil. Ob elegant, sinnlich oder rustikal: Naturfarben machen alles mit.

Wand in Milchweiß.

Natur ist
Sand und Muscheln
duftendes Heu
grobes Leinen
verstreichende Zeit
Wärme des Sommers
Stille des Winters
Natur ist
der Luxus im Einfachen

on jardin secre
H.H.36

Weiß und Naturtöne sind ein ideales Gespann für zeitgemäße Wohnungen. Allzu viel Weiß kann kalt und klinisch wirken – das verhindern hier der Bodenbelag in hellem Beige, der Holztisch und die Details in Schwarz und Dunkelbraun.

Dunkle Naturfarben eignen sich besonders in hell eingerichteten Räumen gut für spannungsvolle Akzente. Das Wohnzimmer in Rahmweiß wirkt durch die markanten Lampenfüße und die Beistelltische aus dunklem Holz gleich viel lebendiger. In der Diele greifen die Hell-Dunkel-Kontraste das Spiel von Licht und Schatten geschickt auf. Fliesenboden, Trittflächen, Geländer

und Bilderrahmen sind dunkel gehalten, das übrige Holz ist rahmweiß gestrichen und für die Wand wurde ein graubrauner Zwischenton gewählt. Im Wohnzimmer rechts wurden cremefarbene Möbel und helles Holz mit leichten Schilftönen kombiniert. Interessant ist die Gestaltung der beiden Buchstaben-Kunstwerke in entgegengesetzter Farbstellung.

1 Kitt 2 Schokolade 3 Milch 4 Puder 5 Pfirsich 6 Senf 7 Sonne 8 Aubergine 9 Rahm 10 Perle 11 Schlüsselblume 12 Rost

Zu den warmen Naturfarben gehören Goldtöne, Elfenbein, Terrakotta, Kupfer und all die verschiedenen rötlichen Brauntöne des herbstlichen Laubs. Im kühleren Bereich der Palette finden sich die Grau- und Brauntöne von Natursteinen, Ebenholz, Schokolade und Champignons sowie die vielen feinen Nuancen der Winterlandschaft. Naturfarben kann man gut miteinander kombinieren, sie eignen sich aber auch als Hintergrund für kräftigere Farben. Kühle Naturfarben empfehlen sich vor allem für moderne Wohnungen, weil sie gut mit Stahl, Grautönen und hellen Holzböden harmonieren. Die wärmeren Naturtöne ergeben mit Creme ein eher klassisches Ambiente. Das Foto rechts zeigt, wie abwechslungsreich lasiertes Holz aussehen kann. Durch die Lasur bleibt die lebhafte Holzmaserung sichtbar. Wählt man Lasuren in Holztönen wie Ebenholz, Mahagoni, Kastanie und Kiefer, entsteht ein lebendiges, aber sehr natürliches Bild.

11
10

Elegant und gleichzeitig lässig wirkt dieses Wohnzimmer mit rahmweißen Wänden, bequemen Möbeln, edlen Materialien und einer sorgfältig zusammengestellten Mischung aus matten, rauen und glänzenden Oberflächen.

Wer glaubt, dass eine in Naturfarben gestaltete Wohnung automatisch eine »zurück-zur-Natur«-Atmosphäre vermittelt, irrt sich. Die Ausstrahlung, die beispielsweise Rahmtöne bei unterschiedlichen Lichtverhältnissen haben, hängt ganz entscheidend von den Oberflächenstrukturen ab. Kombiniert man raue Materialien wie Kokosmatten mit alten Holzdielen, grobem Leinen und unbearbeitetem Stein oder Holz, wirkt das Ambiente eher rustikal. In der rechts abgebildeten Küche andererseits wirkt das Rahmweiß in Verbindung mit glatten Holzfronten sachlich, modern, beinahe wie geleckt. Das liegt hauptsächlich an den schnörkellosen Oberflächen, der raffinierten Verarbeitung des Holzes und der Kombination mit kühlem, blankem Chrom, dem glänzenden, dunkelgrauen Steinboden und den modernen Accessoires. Das helle Holz sorgt hier dafür, dass all diese glänzende Perfektion nicht zu kühl wirkt und einen einladenden Charakter erhält. An diesem Beispiel wird deutlich, dass Naturtöne selbst sehr modernen, funktionalen Räumen die sachliche Strenge nehmen und eine freundliche, anheimelnde Umgebung schaffen.

slavin and petzke the art of the bath
LONDON

8

Pastell ist Zärtlichkeit

Aubergine Kitt Oliv Taube Nebel

Rosenquarz Rahm Milch

In Kombination mit Weiß, Grau oder Naturtönen eignen Pastellfarben sich gut, um nüchterne Räume freundlicher zu stimmen: Pistaziengrün am Essplatz mit dunklen Holzmöbeln, Seegrün neben lindgrünen Eierbechern, ein blaustichiger Fliederton hinter Klappstühlen mit abblätterndem Anstrich, eine hellblaue Decke auf einem modernen weißen Sofa, ein hellgrauer Küchenschrank.

Rosa Ballettschuhe mit Mäuschenstickerei, ein babyblaues Kinderzimmer, ein Brautschleier aus Tüll, Marzipanverzierung auf Petits Fours – bei Pastellfarben denkt fast jeder an süße Unschuld. Viel zu oft werden diese Farben in »reizende« Cafés oder in Kleinmädchenzimmer verbannt, dabei können sie auch in anderen Wohnräumen sehr freundlich wirken. Sie wecken Assoziationen an alles Frische, Neue: Frühlingsblüher und Apfelblüten, Milkshakes und Sorbets. Sie schaffen Platz im Haus – und im Kopf. Pastellfarben sind entspannend, erfrischend, sanft und optimistisch. Obendrein gibt es sie in vielen Spielarten: kühl und warm, süßlich und frisch, kräftig und gedämpft. Ihre Wirkung in der Wohnung hängt ganz davon ab, welche Farbtöne man wählt und wie man sie kombiniert. Ein Raum in Pastelltönen kann frisch und modern aussehen, aber auch luxuriös und chic oder einfach natürlich. Frühlingshaft und feminin wirkt ein Raum beispielsweise in Hellrosa, Schlüsselblumengelb, Lindgrün und den Farben der Blüten von Teerosen und Wicken. Frischer und moderner ist die Ausstrahlung von Eiscremefarben – kühlen Farben mit einem hohen Weißanteil wie Pistazie, helles Zitronengelb, Mandarine oder zum Flieder tendierendem Rosa. Eher kräftige, aber leicht graustichige Pastelltöne erinnern an die verblichene Pracht historischer Paläste. Nuancen wie Altrosa, Champagner, Blaugrün, Elfenbein, Koralle, Lavendel, Graugrün und Muschelrosa hingegen lassen an die Ballsäle der wilden 20er-Jahre denken, an »Gefährliche Liebschaften«, an

Seidenstrümpfe und Boudoirs mit glänzenden Satinkissen und bestickten chinesischen Stoffen. Diese eleganten Farben liegen heute wieder im Trend, vor allem in Verbindung mit viel Weiß oder einer einzelnen, kräftigeren Farbe. Die Kombination von kräftigem Lila mit hellem Türkis oder Seegrün beispielsweise sieht ausgesprochen modern aus. Die gleichen Farben, einige Nuancen stärker verblasst oder vergraut, wirken dagegen edel, ruhig und subtil. Zu den schönsten Pastells gehören die Töne, die man eigentlich nur noch ahnen kann. Sie strahlen die Reinheit von Weiß aus, jedoch mit einem interessanten, silbrigen oder kreideartigen Unterton. Es sind die Farben von Perlmutt und Pergament, Rahm, Milch und Biskuit. In diese Gruppe gehören die undefinierbaren Farben der Unterseiten von Rosmarinblättchen, von Perlen und Nebel, aber auch die ruhigen Beigetöne von Milchkaffee, Cappuccino und Vanille oder das schwer greifbare Blau des Wassers. Welche Pastelltöne Sie auch bevorzugen, in der Wohnung wirken sie immer frisch und ruhig, aber nie aufdringlich. Und selbst feminine Farben wie Rosa und Lila sind keineswegs zuckersüß, wenn man sie mit Weiß oder kräftigeren Farben kombiniert. Auch ausdrucksvolle Strukturen lassen diese »Mädchenfarben« moderner wirken. Flieder und Rosa beispielsweise vertragen sich sehr gut mit Dunkelbraun, auch kräftiges Violett und Taupe sind ein gutes Gespann. Blasse Pastelltöne schaffen eine helle, moderne Atmosphäre, wenn man sie mit kühleren, kräftigen Farbtönen kombiniert.

Wand in blassem Farngrün.

Wie **zart** kann
eine Farbe sein?
Frisch wie Eiscreme und
das erste Frühlingsgrün
Lieblich wie das Rosa
der ersten Morgensonne
Zart wie der Glanz
einer Perle
Unfassbar wie das Meer
im Dunst
So zart. Und noch zarter

Zweifarbige Wände? Warum nicht. Für den oberen Bereich wurde ein kühles Wasserblau verwendet. Der helle Pfirsichton geht fast nahtlos in die Farbe des Holzfußbodens über – ein geschickter Kunstgriff, um den Raum größer wirken zu lassen.

MUSEUM VOOR VOLKENKUNDE, ROTTERDAM
ANDY WARHOL
NAT FINKELSTEIN

Drei Beispiele, wie Pastellfarben für reizvolle Details eingesetzt werden können. Links sorgt die rosa Decke auf dem Stuhl für mehr Wärme in dem Flur mit Wänden in Milchweiß und Schiefergrau. Gerade Textilien wie Kissen, Decken und Vorhänge eignen sich für solche freundlichen, weichen Akzente gut. Das mittlere Foto mit den Streifen in Pistazie, Flanell,

Pfirsich, Aquamarin und Schiefer zeigt, wie modern Pastellfarben wirken können. Dass im Esszimmer in Weiß (rechts) immer die Sonne scheint, liegt an dem gelblich-hellgrünen Anstrich der Wand hinter der Bank. Auf allen drei Fotos wirken die Pastellfarben nicht süßlich, sondern frisch und absolut zeitgemäß.

1 Pistazie 2 Aquamarin 3 Vanille 4 Aubergine 5 Silber 6 Aprikose 7 Rosenquarz 8 Puder 9 Kitt 10 Milch 11 Biskuit 12 Wasser 13 Nebel 14 Rahm 15 Perle 16 Farn

Pastellfarben haben etwas Feminines, doch selbst Rosa und Violett müssen deshalb nicht süßlich wirken. Kombiniert man sie mit frischem Weiß, kräftigen Farben oder ausdrucksvollen Strukturen, bekommen diese lieblich-mädchenhaften Farbtöne eine ganz andere Ausstrahlung. Dunkles Aubergine beispielsweise bietet sich für spannende Kontraste mit Pastelltönen an. Blasse, graustichige Pastellfarben passen besonders gut zu kräftigeren, kühlen Farben. Auch eine geradlinige oder grafische Formensprache lässt Pastellfarben gleich viel moderner wirken. Grundsätzlich harmonieren die Pastells aber besser mit Weiß als mit dunklen Farben. Als Material für Accessoires ist Glas vorteilhafter als schwere Keramik. Räume in Pastellfarben wirken auch dadurch hell, freundlich und modern, dass man auf allzu verspielte Accessoires verzichtet. Das Foto rechts zeigt, wie gut sich helles Grauviolett mit Naturholz und dem schneeweißen Sofa verträgt.

Dass Pastellfarben auch vor Machos nicht Halt machen, wissen wir spätestens seit der Fernsehserie »Miami Vice«, deren Helden bei der Ganovenjagd vorzugsweise pastellfarbige Hemden trugen. Sie räumten endgültig mit der Vorstellung auf, dass Pastellfarben vielleicht für Baby- und Mädchenkleidung taugten, aber nicht für Männermode. Auch als Wohnfarben haben sich die Pastelltöne inzwischen durchgesetzt. Gewiss sind Baby- und Mädchenzimmer noch heute ihre traditionelle Domäne, trotzdem sind diese zarten, femininen Farben längst nicht mehr nur Räumen mit einer zarten, weiblichen Ausstrahlung vorbehalten. Pastellfarben können kühl und spannungsvoll, stilvoll und chic sein. Allmählich dringen sie auch in die vorwiegend funktionalen Räume der Wohnung vor, wo sie verblüffend attraktiv wirken. Das zeigt beispielsweise die Küche rechts, die recht schnörkellos und zweckmäßig eingerichtet ist. Trotzdem wirkt sie nicht nüchtern oder kalt. Dafür sorgt der Wandanstrich in einem hellen Fliederton, der im Handumdrehen Wärme vermittelt und der Küche eine ungewöhnliche, heiter-verträumte Atmosphäre verleiht.

9

Glanz und Glamour

Gold

Silber

Glitter

Auf die Wand mit körniger Putzstruktur in mattem Nebelgrau wurden breite Blockstreifen in Silber gemalt. Die Haken an der Schlafzimmerwand bekamen einen kreisrunden, glitzernden Hintergrund. Zum hellen Holzboden passt die strukturierte Wand in zartem Pfirsichton ausgezeichnet. Gold- und Glitzerstoffe machen den Küchentisch zur Festtafel.

Farbe und Textur lassen sich nicht trennen. Ein Kissen aus rotem Samt sieht ganz anders aus als ein rot glänzender Ferrari. Und eine Wand mit mattweißer Wischlasur wirkt völlig anders als ein glatter Wandanstrich in glänzendem Gold. Durch den Kontrast zwischen Glanz und Glitter mit matten und rauen Oberflächen wird auch der Tastsinn angesprochen. Solche Gegensätze laden tatsächlich zum Befühlen mit den Fingern ein, befriedigen aber auch das Bedürfnis der Augen nach Abwechslung. Glanz und Glamour sind auch in der Wohnung auf dem Vormarsch – vom prächtigen Silber und Gold über geheimnisvoll schimmerndes Perlmutt und funkelndes Kristall bis zum perfekten Glanz von chinesischen Lackarbeiten, von der hellen Reflexion eines Spiegels bis zum seidigen Glanz von poliertem Holz und edlem Leder. Glanz gibt Farben mehr Tiefe und Fülle, er lässt Räume edel und luxuriös wirken und vermittelt Wohlbehagen. Gold und Silber spielen dabei eine besondere Rolle, weil sie quasi aus nichts als Glanz bestehen und sich daher von selbst als i-Tüpfelchen für einen glamourös eingerichteten Raum empfehlen. In der Kunst des Mittelalters galt Gold als heilige, himmlische Farbe, und sie wird bis heute als Symbol für Reichtum und Luxus verstanden. An seinem Flair hat sich tatsächlich nichts geändert. Ein Spiegel mit vergoldetem Rahmen oder ein Stoff mit goldener Stickerei vermittelt noch immer ein Gefühl von Reichtum und Luxus. Silber steht dem Gold im Hinblick auf die Ausstrahlung nur wenig nach. Das Spektrum seiner

Wirkung reicht vom warmen Schimmer antiken Silbers bis zum kühlen Glanz von modernem Chrom.

Silberglanz wirkt grundsätzlich hell und verleiht Räumen eine geheimnisvolle Atmosphäre. Kleine Accessoires in Silber vermitteln oft eine überraschende Heiterkeit, die an Elfenglöckchen und silbrige Reflexe auf dem Wasser erinnert. Kein Gesetz schreibt aber vor, dass sich Gold in Silber in der Wohnung nur auf Accessoires beschränken müssen. Neue Wandfarben in Gold und Silber erlauben, auch große Flächen glamourös in Szene zu setzen. Und transparente Perlglanzlasuren, die über einem Wandanstrich aufgetragen werden, verleihen jeder anderen Wandfarbe einen magischen Schimmer, der bei unterschiedlichen Tages- und Kunstlichtverhältnissen immer wieder anders wirkt. Natürlich kommen all diese Glanz- und Glitzerfarben am besten zur Geltung, wenn ihnen matte, raue Oberflächen als Kontrast gegenüber stehen. Eine Wohnung, die ganz in Weiß oder auch in Schwarz-Weiß-Grau gestaltet ist, wirkt durch ein spannungsvolles Spiel mit Strukturen und matten und glänzenden Flächen viel interessanter. Für Struktur können Stoffe wie Samt, Filz und Fell sorgen, aber auch extramatte Farben oder Produkte mit einer rauen Sandstruktur. Solche Strukturfarben betonen beispielsweise auch die Schönheit von Naturmaterialien. Matte und strukturierte Flächen bilden den idealen Hintergrund, vor dem Glanz und Glamour erst richtig wahrgenommen werden.

Trennwand und deckenhohe Schiebetür mit einem goldfarbenen Anstrich.

Sonne ist rein und intensiv
Sonne heißt, jeden Tag
neu genießen
Sonne ist Wärme
auf der Haut
Sonne ist Gold,
ist Feuer, ist Festlichkeit
Sonne ist ein Geschenk
des Himmels
Sonne ist Luxus im Haus

Noch recht neu auf dem Markt sind Wandfarben in Gold und Silber, mit denen sich wunderbare Effekte und Wechselspiele aus matten und glänzenden Elementen gestalten lassen. Auf der Wand im Flur wechseln Quadrate in Aubergine-Silber und Flieder-Silber miteinander ab. So ein Anstrich macht viel Arbeit, doch das Ergebnis sieht neben der silbrigen Stahltreppe hinreißend

aus. Das mittlere Beispiel zeigt subtilere Effekte: metallisch schimmernder Stoff auf Sessel und Kissen, ein Stück Malerleinwand in Gold an der Wand, ein glänzender Lampenschirm mit goldener Innenseite. Rechts dient ein silberner Streifen auf einer rohweißen Wand als Hintergrund für eine Fotoserie, die in diesem Raum ganz in Weiß so besonders ins Auge fällt.

1 Silber 2 Glitter 3 Gold

Wer sich ein bisschen Glanz und Glamour in der Wohnung wünscht, sollte auf Gold- und Silberfarbe und auf transparente Perlmutt- oder Glitzerlasur setzen. Goldfarbe wirkt auf einer Wand sehr warm, vor allem in Kombination mit Rahmweiß und Rot. Subtiler ist die Wirkung, wenn man Gold mit sanften Grüntönen oder kräftigem Braun kombiniert. Gold und Blau sind ein königliches Paar, Silber dagegen wirkt mit Blau funkelnd und geheimnisvoll. Sehr chic ist die Kombination von Silber mit Grau- und Pastelltönen, vor allem, wenn man feine Stoffe wie Seide und Satin wählt. Wie nobel Silber mit tiefem Violett wirkt, zeigt das Foto rechts: Aus dem Wohnzimmer mit einer Wand in dunklem Aubergine und glänzend weißen Türen und Leisten fällt der Blick auf die silbrig gestrichene Flurwand. Auch transparente Perlglanzlasuren lohnen einen Versuch, denn sie geben jeder anderen Wandfarbe einen magischen, geheimnisvollen Schimmer.

WONEN

Wer sich ein bisschen Hollywood-Atmosphäre in der Wohnung wünscht, ist mit Gold, Silber und Perlglanzfarben gut beraten. Etwas Glamour ist überall erlaubt – was spricht gegen ein Gäste-WC ganz in Gold? Die opulenten, königlichen Effekte, die mit Gold, Silber und Glitzer möglich sind, bieten sich jedoch vor allem für das Schlafzimmer an. Das Beispiel links zeigt ein Schlafzimmer, dessen Wände mit matter Strukturfarbe in einem geheimnisvollen Zwielicht-Ton gestrichen sind. Anschließend wurde darauf ein Schachbrettmuster mit Perlglanzlasur aufgetragen. Das Wechselspiel von glänzenden und matten, glatten und rauen Flächen ist subtil und vermittelt eine märchenhafte, glamouröse Atmosphäre. Als zweite Hauptfarbe wurde strahlendes Weiß gewählt, das den Raum freundlich aufhellt. Der Kronleuchter verbreitet ein heiter funkelndes Licht, die Kissen tragen Bezüge aus edlen, glänzenden Stoffen, und der weiche Teppich auf dem glatten Fußboden schmeichelt nackten Füßen.

Für die Leisten und Fensterrahmen wurde ein dunkles Graubeige gewählt und für mehr Struktur mit einem groben Pinsel aufgetragen. Die milchweiße Wand bringt diesen Effekt gut zur Geltung. Ein Anstrich in lichtem Grau rückt die hintere Wand optisch in weite Ferne.

Um richtig zur Geltung zu kommen, braucht Glanz einen matten Gegenpol. Ebenso wird eine glatte Oberfläche erst durch den Kontrast zu einer rauen optimal betont. Das Wesen von Oberflächen spielt in unseren Wohnungen eine immer wichtigere Rolle. Wir legen Wert auf Materialien, die dazu einladen, sie zu berühren und zu ertasten. Auch Farben lassen Experimente mit verschiedenen Strukturen zu. Wer eine glänzende Farbe kauft, sollte gleich ein Töpfchen matte Farbe oder ein Produkt mit einer körnigen Sandstruktur als Kontrast mitnehmen. Solche Strukturfarben wirken matt, aber edel. Sie verleihen der Wand eine feinkörnige Oberfläche, die interessant aussieht und dazu verleitet, im Vorbeigehen darüber zu streichen. Im Gegensatz zu Dekoputz kann man solche Strukturfarben nicht nur mit der Rolle auftragen, sondern auch spritzen. Die Abbildung rechts zeigt Strukturfarbe in sanftem Grau und in einem hellen Puderton. Gerade so zarte Farben gewinnen durch die raue, taktile Struktur erheblich an Ausdruckskraft.

10

Praktische Anwendungen

FARBEN AUSWÄHLEN: DER ANFANG

Früher war man der Meinung, dass nur bestimmte Farben und Farbkombinationen im Haus »gingen«, und vor allem, dass viele Farben und Farbkombinationen »nicht gingen«. Aber zum Glück ist diese Zeit vorbei. Die Einrichtung unseres Hauses ist eine persönliche Angelegenheit geworden, und die Möglichkeiten sind unbegrenzt. Außerdem sind inzwischen die unterschiedlichsten Materialien, Möbel und Farben in fast allen Farbtönen erhältlich. Grenzen setzt nur noch die eigene Fantasie.

Inspirationsquellen für die Farbauswahl im Haus sind also Ihre Lieblingsfarbe und andere Farben, mit denen Sie sich wohl fühlen. Die Farben der Natur oder lieber die der Stadt? Der Stil der Möbel oder die Farben Ihres Lieblingsbildes, aber auch die Funktion und Größe des Raums oder der Lichteinfall spielen eine Rolle. Aber gerade weil das Spektrum des Möglichen so groß ist und man sich den Effekt von Farben im Raum oft schwer vorstellen kann, ist es sinnvoll, mehr über Farben und deren Wirkung zu wissen. Worauf muss man bei der Farbauswahl achten? Welche Faustregeln und ehernen Gesetze gibt es? Wie lassen sie sich anwenden – oder voller Begeisterung übertreten? Denn letztendlich zählt bei der Farbwahl nur eins: Ihre Inspiration.

Grundfragen

Bei der Farbwahl ist es sinnvoll, einige Grundsatzüberlegungen anzustellen.

- Wie groß oder klein sind die Wände, Fußböden oder Gegenstände, die ich streichen möchte?
- Was für eine Funktion haben diese Wände, Fußböden oder Gegenstände?
- Was für eine Struktur oder Oberfläche?
- Was für eine Form, was für Material?
- Wie sind die Lichtverhältnisse?
- Wo im Haus, in welcher Umgebung wird die Farbe eingesetzt?

ml
1000
900
800
700
600
500
400
300
200
100

Bei der Wahl der Hauptfarbe für einen ganzen Raum sollten Sie sich fragen:

- Welche Funktion hat der Raum? Wird dort gearbeitet, gewohnt oder geschlafen?
- Wie groß oder klein ist der Raum? Will ich ihn größer oder intimer, höher oder niedriger, länger oder breiter erscheinen lassen?
- Was möchte ich mit den Farben in diesem Raum erreichen? Wünsche ich mir beispielsweise eine kühle, beruhigende oder eine stimulierende, anregende Farbe?
- Und, last but not least: Was finde ich selbst schön?

Der Farbkreis

Alle Farben des Regenbogens können in einem Farbkreis angeordnet werden. In diesem Kreis gehen wir von drei primären Grundfarben aus: Rot, Gelb und Blau. Zusammen mit Schwarz und Weiß bilden sie die Grundzutaten, aus denen alle Farben gemischt werden können – vom zarten Gelborange bis zum tiefen Blauviolett, von Milchweiß bis Kaffeebraun.

Entgegengesetzte oder Komplementärfarben entstehen, wenn man zwei Primärfarben mischt und der dritten gegenüberstellt. Rot und Gelb ergeben Orange, die Komplementärfarbe von Blau. Blau und Gelb ergeben Grün, die Komplementärfarbe von Rot. Rot und Blau ergeben Violett, die Komplementärfarbe von Gelb. Die Komplementärfarben liegen einander im Farbkreis direkt gegenüber und bilden kräftige Kontraste. Schwarz dunkelt eine Farbe ab, Weiß hellt sie auf. Ein höherer Gelb- oder Rotanteil gibt einer Farbe Wärme, ein höherer Blauanteil lässt eine Farbe kühler wirken.

Sie haben folgende Variationsmöglichkeiten:

- Farbton (neigt dieses Rot mehr zu Orange oder zu Violett?)
- Sättigung (wie grell oder tief ist die Farbe?)
- Tonwert (wie dunkel oder hell ist die Farbe, wie viel Schwarz oder Weiß enthält sie?)

FARBE UND FARBE

Farben beißen sich nicht

Mit etwas Fingerspitzengefühl können Farben in nahezu allen Kombinationen eingesetzt werden. Farben, die »sich beißen«, gibt es eigentlich nicht. Schauen Sie sich einmal in der Natur um: Da kommen die unwahrscheinlichsten Farbkombinationen vor, und wir finden sie alle selbstverständlich. Farben wirken nie allein, sondern Im Kontext ihrer Umgebung. Eine dunkle Farbe erscheint neben einer hellen noch dunkler, eine intensive Farbe empfinden wir neben ihrer Komplementärfarbe fast als grell. Farben können einander also beeinflussen. Die Kombinationen Rot-Grün, Gelb-Violett und Orange-Blau bilden besonders starke Kontraste, weil Komplementärfarben einander verstärken. Auch das Auge verlangt nach Komplementärfarben: Wenn man eine rote Farbfläche anschaut und dann die Augen schließt, sieht man Grün. Neben Kombinationen von Komplementärfarben sind auch Partnerschaften benachbarter Farben denkbar, etwa Rosa oder Orange zu Rot, Türkis oder Blauviolett. Manche Farbkombinationen wirken ruhig und sogar beruhigend, andere lebendig, temperamentvoll – sogar explosiv. Wer gekonnt mit Farben spielen will, sollte ihre Wechselbeziehungen verstehen.

Der Farbkreis nach Johannes Itten: Farbenlehre

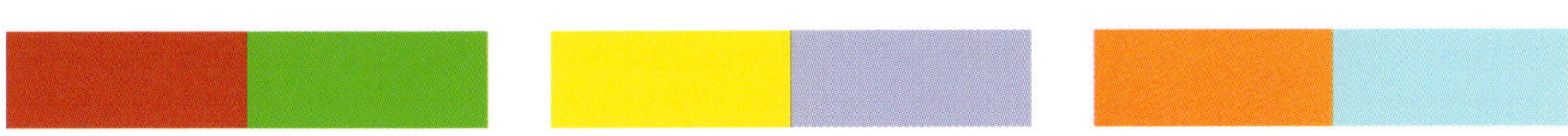

171

Mehrere Farben: Spiel mit Kontrasten

Kombinationen aus Farben, die sich sehr stark voneinander unterscheiden, bringen Leben und Abwechslung ins Zimmer. Denken Sie an Kombinationen von Komplementärfarben, sehr hellen mit sehr dunklen Farben oder kalten mit warmen Farben. Selbst wer am liebsten Ton in Ton wohnt, kann mit einem kleinen Detail in einer Kontrastfarbe einen ausdrucksvollen Akzent setzen.

Farbkontrast Die stärkste Wirkung erreicht man mit Komplementärfarben und Farben, die weit voneinander entfernt im Farbkreis liegen, beispielsweise Blau mit Orange oder Blau mit Gelb. Diese Kombinationen sind kräftig, aufregend und auffällig. Auch Grün und Violett sind recht unterschiedlich, liegen aber näher beieinander: Beide sind Nachbarn von Blau. Und je stärker beide im Ton zum Blau tendieren, desto ruhiger wirkt ihre Kombination. Wer Mut zur Farbe beweist und beispielsweise eine Wand knallrot streicht, sollte dieser starken Farbe unbedingt als Ausgleich große weiße oder helle Flächen entgegenstellen.

Warm-Kalt-Kontrast Rot, Orange, Gelb, Rosa und Braun sind warme Farben. Grün, Blaugün, Blau und Violett sind kühl. Mit warmen und kühlen Farbtönen kann man in einem Haus viel erreichen. Kombinationen aus Braun, Rot und Orange, wie in Mahagoni und Töpferware, werden meist mit Wärme und Geborgenheit assoziiert – wie in einem urig-rustikalen Gasthaus. Weniger intensive und gesättigte Brauntöne empfinden viele Menschen als angenehm. Die Farbtemperatur wirkt sich direkt auf die »gefühlte Temperatur« aus. Wissenschaftliche Experimente zeigten, dass Menschen die Temperatur in einem orangefarbenen Zimmer um einige Grade höher einschätzen als in einem blauen. Ob eine Farbe warm oder kalt wirkt, hängt aber auch von den Farben ihrer direkten Umgebung ab. Neben Gelb ist Grün kühl, aber neben Blau wirkt es wärmer.

Hell-Dunkel-Kontrast Jede Farbe wirkt neben einer dunkleren Farbe heller. So tritt beispielsweise auch eine Pastellfarbe neben einer weißen Fläche stärker hervor. Die tiefen Farben der Gemälde

Rembrandts besitzen so große Leuchtkraft, weil sie mit noch dunkleren Farben kontrastiert werden. Hell und Dunkel sind also relative Begriffe: Sie erzielen ihre Wirkung erst neben einer anderen Farbe oder einem anderen Farbton. Die Kombination sehr heller und sehr dunkler Farben kann auch in der Wohnung ausgesprochen effektvoll sein.

Eine Farbe: Spiel mit Farbtönen und Tonwerten

Wer nicht auf Kontrastfarben setzen will, kann einen Raum auch ganz in Farben einrichten, die auf dem Farbkreis nebeneinander liegen, oder sich für ein monochromes (einfarbiges) Farbschema entscheiden, bei dem verschiedene Nuancen einer einzigen Farbe kombiniert werden. Solche Ton in Ton gestalteten Räume wirken harmonisch und ruhig, sogar wenn starke Farben wie Rot verwendet werden. Wer eine farbige, aber nicht bunte Einrichtung möchte, ist mit Kontrasten nicht gut beraten, sondern sollte lieber eine einzige Farbe in verschiedenen Nuancen von Hell und Dunkel wählen.

Farbtöne Alle Farben außer den Primärfarben sind Mischfarben, deren Farbton – und Charakter – abhängig vom Mengenverhältnis ihrer Farbbestandteile ist. So kann Gelb in Richtung Grün neigen (es enthält dann mehr Blau) oder zum Orange tendieren (es enthält dann mehr Rot). Die Kombination von reinem Blau mit grünlichem und violettstichigem Blau wirkt überraschend lebendig, spritzig und luxuriös.

Tonwerte Als Tonwerte bezeichnet man die verschiedenen Helligkeitsgrade einer einzigen Farbe, die letztlich durch den Weiß- bzw. Schwarzanteil bestimmt werden. Ein Raum wirkt generell sehr ruhig, wenn eine einzelne Hauptfarbe, etwa Blau, in verschiedenen Nuancen eingesetzt wird: von Dunkelblau über mittlere Abstufungen bis Hellblau.

Ist das nicht langweilig? Ganz gewiss nicht. Ein Ton in Ton gestaltetes Zimmer bietet allein durch das Licht immer noch ein abwechslungsreiches Farbenspiel. Eintönigkeit lässt sich auch durch deutliche Hell-Dunkel-Kontraste leicht vermeiden. Außerdem können Sie mit anderen Kontrasten spielen: mit Formen, Mustern, Materialien und Strukturen. Monochrome Farbkombinationen werden auch lebendiger, wenn man eine neutrale Farbe (einen Weiß- oder Grauton) als Basis verwendet.

FARBE UND LICHT

Das Zusammenspiel von Farbe und Licht beeinflusst die Atmosphäre eines Zimmers. Alle Farben können ihre Wirkung unter dem Einfluss des Lichteinfalls ändern. Worauf müssen Sie achten?

- **Tageszeit** Schauen Sie einmal am frühen Morgen, in der Mittagszeit und am Abend, wie viel Licht aus welcher Richtung kommt. Die Farbtemperatur, die wir wahrnehmen, ändert sich von Stunde zu Stunde. Früh am Morgen liegt der Schwerpunkt auf den Blautönen, im Laufe des Tages erscheinen die Farben mehr weiß und gelb, am Abend eher rot, und bei Kunstlicht wirken alle Farben gelblicher als bei Tageslicht. Überlegen Sie, wann der Raum vor allem benutzt wird, und stimmen Sie die Farben auf die Lichtverhältnisse zu dieser Tageszeit ab.
- **Lichtmenge** Achten Sie auch auf die Anzahl der Fenster und den Lichteinfall. In einem Zimmer mit wenigen Fenstern wählt man besser eine Farbe, die auch bei Kunstlicht schön ist. Wenn das Licht von draußen zu grell ist, können Sie es mit Jalousien dämpfen.
- **Nordseite** In ein Zimmer an der Nordseite fällt kühles Licht. Hier sind warme Farbtöne empfehlenswert.

- **Süd- und Westseite** Ein weißes Zimmer an der Südseite reflektiert das Licht sehr stark, reines Weiß kann da sehr hart wirken. Auch starke Farben wirken im vollen Sonnenlicht manchmal zu grell. Für Zimmer an der Südseite sind also Pastelltöne oft kräftig genug. Für Räume mit Süd- und Westfenstern eignen sich auch kühle Farben gut.
- **Klima** Auch das Klima einer Gegend oder eines Landes hat Einfluss auf die Farbe. In einem nördlichen Klima erscheinen Weiß und Grau kühler.
- **Was für Kunstlicht?** Der Charakter des Kunstlichtes hängt von den Leuchtmitteln ab. Halogenlicht hat in der Regel die meiste Ähnlichkeit mit Tageslicht. Wolfram-Glühlampen haben einen gelblichen Schein, Leuchtstoffröhren (zu denen auch manche Energiesparlampen gehören) geben oft ein grünliches Licht ab. Es gibt jedoch auch so genannte Warmton-Leuchtstoffröhren und Glühlampen mit pastellfarbigem Glas, das ihr Licht sanft eintönt.

FARBE UND RAUM

Das Erleben eines Raums kann durch die Farbe stark beeinflusst werden. Allein durch den gezielten Einsatz von Farben lässt sich die Wahrnehmung von Länge, Breite und Höhe eines Raums manipulieren.

Groß oder klein Ein dunkler Raum wirkt kleiner als ein heller. Helle Fußböden und Decken lassen einen Raum größer erscheinen, weil sie das Licht reflektieren. Eine helle Decke und ein dunkler Fußboden geben einen guten, klaren Hintergrund für die Möblierung ab.

Hell oder dunkel Ein dunkles Zimmer wirkt heller, wenn die Wände und die Decke in hellen Farben gehalten sind. Eine schwarze Zimmerdecke wirkt erdrückend. Eine weiße Decke dagegen reflektiert 10 bis 15 % mehr Licht als eine farbige Decke und wirkt dadurch höher. Auch hier beeinflusst die Farbe die Wahrnehmung der Raumproportionen.

Räumliche Wirkung In gotischen Kathedralen wurde das Gewölbe oft hellblau gestrichen, um den Himmel anzudeuten. Gleichzeitig wurde dadurch eine beträchtliche räumliche Wirkung erzielt, denn Blau hat »zurückweichende« Eigenschaften. Eine warme, rote Fläche scheint dem Betrachter entgegenzukommen, während eine kühle, blaue Fläche vor ihm zurückweicht. Warme Farben vermitteln also Nähe und lassen Räume intimer wirken. Kühle Farben haben die gegenteilige Wirkung, sodass ein Zimmer geräumiger erscheint. Rot, Gelb, Rotviolett, Orangerot, Orange, Orangegelb und Gelb verkleinern Räume optisch und erzeugen dabei eine gemütliche Atmosphäre. Soll ein Raum größer wirken, sind kühle Farben gefragt. Wählt man in allen Räumen die gleiche Farbe, wirkt ein Haus großzügig und wie aus einem Guss.

Flächen und Gliederung Die Veränderung der Flächenverteilung eignet sich für allerlei optische Tricks. Ein Zimmer wirkt niedriger, wenn man die Wand nicht ganz bis zur Decke streicht, sondern nur bis etwa 25 cm darunter. Mit vertikalen Streifen wirkt ein Raum höher, horizontale Streifen an einer kurzen Wand lassen den Raum breiter erscheinen. Sehr große Räume lassen sich auch gliedern, indem man Sitzbereich und Essplatz oder Schlafbereich und Arbeitsplatz durch Farben »markiert«.

FARBE UND FORM

Grafische Effekte

Farbe eignet sich für viel mehr als einfarbige Anstriche von Wänden oder Fußböden. Das Spiel mit der Farbe ist immer auch ein Spiel mit der Form. Eine knallig gestrichene Wand wirkt ganz anders als ein buntes Accessoire. Rot beispielsweise eignet sich weniger als Wandfarbe, aber sehr gut für grafische Details. Ein markant geformtes Möbelstück dagegen kann gut Schwarz tragen. Überraschend ist auch die Wirkung einer weißen Wand mit Nischen in intensiven oder dunklen Farben. Denkbar wäre ebenso ein Muster, eine Zeichnung, sogar ein Text – Farbe und Pinsel sind Werkzeuge für Kreative! Der besondere Vorteil von Wandfarben ist, dass man mit wenig Zeit- und Kostenaufwand beachtliche Resultate erzielen kann. Und wenn Ihnen das Ergebnis nicht gefällt, streichen Sie es kurzerhand wieder über. Haben Sie ruhig Mut zum Experimentieren, denn das Risiko ist gering.

Formen auf Leinwand Wer lieber nicht direkt auf die Wand malen möchte, kann Formen wie Quadrate, Rechtecke, Kreise oder Halbkreise aus Sperrholz sägen, in hellen Farben streichen und zu dekorativen Gruppen arrangieren. Der Vorteil ist, dass man eine solche »Installation« auch leicht einmal umräumen kann. Eine andere Idee ist, leere Malerleinwände zu kaufen, darauf mit Malerkrepp geometrische Formen abzukleben und diese dann auszumalen. Wandfarben eignen sich dafür ausgezeichnet. Es kann sogar genügen, die Leinwand einfarbig anzumalen. Ein großes graues Rechteck beispielsweise oder eine gerade Reihe aus verschiedenfarbigen Quadraten können interessante Wanddekorationen sein.

Quadrate oder andere geradlinige Formen kann man leicht mit Klebeband direkt an der Wand abkleben und ausmalen. Am einfachsten geht das Abkleben mit einem Helfer. Jeder hält ein Ende des

Zee
B S

Aubergine

Klebebandes, das Band wird straff angezogen und die Enden werden festgedrückt. Dann das Band mit den Fingerspitzen leicht andrücken und bei Bedarf mit einer Wasserwaage kontrollieren, ob die Linien gerade sind. Nach dem Ausmalen der Fläche wird das Band zügig entfernt.

Streifen Eine Bahn aus waagerechten Streifen in abgestimmten oder kontrastierenden Farben verleiht einem Raum Dynamik und Fröhlichkeit. Vermeiden Sie aber eine Überdosis Farbe, indem Sie sich auf eine Wand beschränken. Streifen können mit Malerkrepp exakt abgeklebt werden. Wer es ungezwungener mag, malt sie aus freier Hand.

Kreise können Sie sehr einfach mit einem selbstgemachten Zirkel zeichnen: Binden Sie ein Stück Schnur an einen Bleistift und stecken Sie an der Schnur den Radius des Kreises mit einer Stecknadel ab. Stecken Sie die Stecknadel in die Wand und ziehen Sie mit dem Bleistift den Kreis. Sie können den Kreis auch auf ein Stück Pappe zeichnen, ausschneiden und die Pappe als Schablone verwenden.

Andere Muster und Zeichnungen können frei an die Wand skizziert werden. Einfacher ist die Verwendung eines Overheadprojektors: Sie zeichnen den Entwurf auf eine Folie und projizieren ihn an die Wand, wo Sie die Kontur mit einem harten Bleistift nachzeichnen. Wenn Sie einen Fehler machen, können Sie ihn mit einem feuchten Tuch und etwas Seifenlauge entfernen (beim Radieren gibt es leicht Flecken). Wenn Sie keinen Overheadprojektor zur Verfügung haben, geht es auch mit einem Diaprojektor. Sie fotografieren den Entwurf und projizieren ihn an die Wand.

Flächenverteilung Wenn man eine Wand in zwei Farben streicht, wirken die Proportionen des Raums gleich ganz anders. Eine Holzvertäfelung oder eine erhöhte Fußbodenleiste lässt sich leicht gerade abkleben und aufmalen. Spannen Sie, wie unter »Quadrate« beschrieben, das Klebeband straff und kontrollieren Sie mit der Wasserwaage, ob es gerade ist.

Glanzeffekte können sehr subtil sein, wenn man ein Motiv nicht in einer anderen Farbe, sondern mit einer farblosen, transparenten Perlglanzlasur auf einen farbigen Untergrund malt. Hierfür eignen sich vor allem flächige Motive wie Quadrate, Kreise oder breite Streifen gut.

Texte Schreiben Sie Ihren Lieblingstext an die Wand: ein Wort, eine Zeile, ein Gedicht. Ziehen Sie aber erst horizontale Linien und schreiben Sie den Text freihändig mit Bleistift an die Wand, um zu sehen, ob er passt. Auch hier kann übrigens ein Projektor ein gutes Hilfsmittel sein.

Asia-Effekt Streichen Sie die Wand in einem sehr hellen Farbton und kleben Sie dann mit Tapetenkleister einzelne Blätter dünnes, leicht zerknittertes Löschpapier in derselben Farbe auf, um fernöstliches Flair zu kreieren. Sie müssen gar nicht die ganze Wand so verzieren. Eine Bahn oder Teilfläche sieht auch sehr schön aus.

WANDFARBEN

Besondere Farben, besondere Wirkung

Neben »normaler« Farbe gibt es auch Produkte für Sinnliche – Farben, die zum Berühren einladen oder dem Auge einen besonderen Reiz bieten.

Farbe mit Sandstruktur Als ob Wellen sanft über einen Strand spülen: Mit Strukturfarbe lässt sich ein dekorativer Sandeffekt erzielen. Dabei wird der Grundanstrich mit einem Farbroller oder Flächenstreicher aufgetragen. Die zweite Schicht, mit einem Flächenstreicher aufgebracht, ergibt den Struktureffekt. Streicht man kreuz und quer, entsteht eher eine Zufallsstruktur. Wer es regelmäßiger mag, führt den Pinsel in Halbkreisbahnen.

Farbe mit Kalkstruktur Mit einer matten Strukturfarbe können Sie durch geschicktes Auftragen den Effekt von feinem Verputz erzielen.

Glanz und Glitzern Es gibt auch Wandfarben in Gold und Silber, die Wänden und Decken einen prächtigen, luxuriösen Glanz verleihen. Am besten trägt man sie mit einer Rolle auf. Reizvoll ist auch transparente Perlglanzlasur, die mit einem kurzflorigen Lammfellroller auf eine farbige Grundierung aufgetragen wird. Sie verändert den Farbton der Grundierung nicht, verleiht ihr aber einen transparenten, perlmuttartigen Glanz, der sich je nach Lichteinfall ändert: purer Luxus in Ihren vier Wänden.

Wandfarben auswählen

Wandfarben gibt es in allen Regenbogenfarben – und alle sind heute als Wohnfarben denkbar. Mit dem notwendigen Praxiswissen ausgestattet, brauchen Sie nur noch aus dem Angebot Ihres Farbengeschäfts auszuwählen. Das Grün unserer Linde im Frühling, das Rot des Festkleides meiner Tochter, das Blau in der Tapete meiner Großmutter... Um deutlich zu machen, welche Farbe Sie möchten, sollten Sie sie möglichst exakt benennen können. Darum arbeiten viele Hersteller mit dem sogenannten ACC-Code, der die Eigenschaften jeder Farbe (Farbton, Sättigung und Helligkeit) definiert und als Grundlage zum exakten Mischen jedes Wunschfarbtons dient.

Aber wie treffen Sie bei dieser Vielzahl von Möglichkeiten Ihre Wahl? Beim Lesen dieses Buchs haben Sie sich schon viel Wissen angeeignet. Natürlich dürfen Sie das Wichtigste nicht vergessen: Ihr eigenes Gefühl und Ihren eigenen Geschmack. Zum Schluss also nur noch ein paar Tipps für die Auswahl der Farben.

- Um sich die eigenen Vorlieben bewusst zu machen, achten Sie doch einmal auf all die Farben, die Sie unbewusst auswählen: die Farbe Ihres Autos, Ihr bevorzugtes Gemüse oder die Kleidung, die Sie tragen. Sammeln Sie Ansichtskarten von Dingen, die Ihnen gefallen. Schneiden Sie Muster von Farben und Stoffen aus Zeitschriften und kleben Sie sie auf ein Stück weißen Karton.
- Kontrollieren Sie die Muster immer in dem Zimmer, in dem Sie die Farbe verwenden möchten. Treffen Sie nie im Geschäft die endgültige Entscheidung, da das Licht dort ganz anders ist.
- Wenn Sie das Zimmer vor allem abends nutzen, beurteilen Sie die Farbe bei Kunstlicht.
- Bei der Auswahl einer Wandfarbe halten Sie das Muster am gestreckten Arm gerade vor sich.

- Einen viel besseren Eindruck als ein kleines Muster vermittelt eine Fläche von etwa einem Quadratmeter. Fragen Sie nach einem Probedöschen und streichen Sie eine große Pappe.
- Streichen Sie häßliche Heizkörper oder andere unansehnliche Dinge im Zimmer in derselben Farbe wie die Wand, sodass sie weniger ins Auge fallen.
- Nehmen Sie Ihr Lieblingsgemälde oder -möbelstück als Ausgangspunkt für eine neue Farbe.
- Bewahren Sie immer eine kleine Menge Ihrer Farben auf, um später kleine Schäden auszubessern.
- Streicht man vier Wände und die Decke in der gleichen Farbe, ergibt sich allein durch die Reflexion eine Farbverstärkung um bis zu 50 %, sodass die Farbe viel intensiver wirkt als auf dem Farbmuster. Wenn Sie also Ihr Zimmer komplett in derselben Farbe streichen wollen, wählen Sie besser eine etwas zartere Nuance.
- Verwenden Sie Weiß als Gegengewicht zu starken Farben. Wenn Sie für die Wände kräftige Farben wählen, halten Sie Boden und Decke neutral, damit der Raum nicht zu unruhig wirkt. Bedenken Sie, dass auch der Blick aus dem Fenster noch Farben beisteuert.
- Ignorieren Sie altmodische Regeln wie »Orange und Rosa beißen sich«. Dass selbst die unwahrscheinlichsten Farbkombinationen reizvoll sein können, beweist uns die Natur.
- Ist Ihnen Ihr neuer Mut zur Farbe doch nicht ganz geheuer, beginnen Sie mit einem kleinen Akzent: einem Kissen, einem Teppich, einer Fläche an der Wand. Oder streichen sie zuerst eine kleine Wand, die schnell übermalt ist, wenn Ihnen das Ergebnis nicht gefällt. Was spricht dagegen, die Farben mit den Jahreszeiten zu wechseln?

Achtung: Alle Farbmuster in diesem Buch haben lediglich Beispielcharakter. Auch bei Farbmusterkarten können drucktechnisch bedingte Abweichungen zu den Originalfarben nicht ausgeschlossen werden. Fragen Sie im Fachhandel immer nach einem Originalmuster oder einem Probedöschen.

Streichen: Vorbereitung und Material

Meist ist das Streichen eine unkomplizierte Arbeit. Es gibt jedoch Situationen, in denen eine besondere Vorbehandlung oder eine spezielle Farbe notwendig ist. Erkundigen Sie sich im Fachhandel oder lesen Sie die Herstellerhinweise auf der Verpackung.

Reinigen Lose Teile müssen immer entfernt werden. Der Untergrund kann mit einem milden Reinigungsmittel, das Schmutz, Fett und Nikotinablagerungen entfernt, gesäubert werden.

Abblättern Entfernen Sie die abblätternde Farbe restlos und tragen Sie vor dem endgültigen Anstrich eine geeignete Grundierung auf.

Saugender Untergrund Das Saugverhalten des Untergrunds prüfen Sie mit dem Blumensprüher. Zieht das Wasser schnell ein, nimmt der Untergrund zu viel Farbe auf. In diesem Fall ist es sinnvoll, die Fläche zuerst mit einer Grundierung zu streichen. Bei verputzten Wänden verwendet man einen Tiefgrund.

Wasserränder Wasserflecken und feuchte Ränder werden mit einer normalen Wandfarbe nicht abgedeckt. Hier ist eine Grundierung mit einer speziellen Isolierfarbe nötig.

Glasierte Wandfliesen werden entfettet, gereinigt und mit Fliesengrundierung vorbehandelt. Danach können sie mit farbiger Speziallackfarbe für Fliesen überstrichen werden.

Schadhafter Holzuntergrund, Holz mit kleinen Löchern Grundieren, gut abschleifen und schadhafte Stellen mit Holzspachtelmasse reparieren. Dann nochmals grundieren und mit Lackfarbe streichen.

Alte, schadhafte Farbschichten auf Holz Abbeizer verwenden und vor dem Abschleifen gründlich abwaschen. Grundieren und erst danach streichen.

Unbehandeltes Holz Entfetten, abschleifen und grundieren. Dann erst farbig streichen.

Betonfußböden Anrauen und gründlich entstauben. Nur mit spezieller Betonfarbe streichen.

Metall, Heizkörper Entfetten und abschleifen. Stets speziellen Lack für Heizkörper verwenden.

Rostiger Untergrund aus Metall Entrosten, entfetten und abschleifen. Rostschutzgrundierung mit dem Pinsel auftragen, dann mit Metallfarbe überstreichen.

Hartkunststoff Entfetten und abschleifen, mit Kunststoffgrundierung vorbehandeln und lackieren.

Kunststoff-Küchenschränke Entfetten und leicht anrauen. Dann Kunststoffgrundierung auftragen und mit Lackfarbe streichen.

Pinsel und Farbroller Selbst beim Kauf der besten Wandfarbe kann das Ergebnis enttäuschend sein, wenn Sie den falschen Pinsel oder Roller verwenden. Für das Auftragen von Wandfarbe verwenden Sie einen Flächenstreicher oder Farbroller. Fellroller eignen sich für glatten, rauhen und strukturierten Untergrund. Holz streichen Sie am besten mit einem Pinsel. So gelingt der erste Farbauftrag am besten. Falls nötig, kann die Fläche anschließend noch einmal übergerollt werden.

Nach dem Streichen Die Dose nach Gebrauch gut schließen. Auf dem Kopf stehend aufbewahren, damit sich keine Haut bildet. Auf den Boden der Dose das Datum schreiben, an dem die Farbe verwendet wurde. Wenn Sie am nächsten Tag weiter streichen, können Sie über Nacht Pinsel in Aluminiumfolie und Roller in Folie oder eine kleine Plastiktüte einwickeln. Nach Abschluss der Arbeit oder bei längeren Unterbrechungen wird das Werkzeug gründlich gereinigt. Lösungsmittelhaltige Farben müssen mit Terpentin, Pinselreiniger oder Universalverdünnung ausgewaschen werden, bei Acryl- und Dispersionsfarben genügt reichlich Wasser. Denken Sie daran, nur vollständig entleerte Farbdosen in die Mülltonne zu werfen. Gefäße mit Farb- oder Lösungsmittelresten müssen als Sondermüll entsorgt werden.

Impressum:

Übersetzung
Wiebke Krabbe, Petra Scheltinga

Lektorat
Ulrike Bogatz

Satz
art und weise, Freiburg

Rechte der deutschen Ausgabe
OZ-Verlags-GmbH, Rheinfelden
Buchverlag OZ creativ, Freiburg im Breisgau

Redaktionsleitung
Makkie Mulder

Art director
Janine Couperus
Elise Yüksel

Bildkoordination und Zusammenfassung
Heleen van Gent

Koordination line extension
Mieke Beljaarts

Redaktion
Linda Pijper

Text und Schlussredaktion
Juliette Berkhout

Koordination Styling
Nina Monfils

Fotos
Alexander van Berge, Dennis Brandsma, Hotze Eisma, Paul Grootes, Luuk Geertsen, René Gonkel, Jip van Hengst, Ewout Huibers, Peter Kooijman, Anneke de Leeuw, Eric van Lokven, Otto Polman, Femke Reyerman, Joyce Vloet, Hans Zeegers

Styling
Julia Bird, Frans Bramlage, Fietje Bruijn, Nans van Dam, Marjan Godrie, Kristel de Jong, Jet Krings, Linda Loenen, Marianne Luning, Evelien Nuyten, Mirjam Roskamp, Jacqueline Roeleveld, Mirella Sahetapy, Reini Smit, Caroline Tilgenkamp, Frans Uyterlinde, Petra de Valk, Nicolette de Waard, Valerie van der Werff

Illustrationen
Heleen van Gent

Mit Dank an
Daniëlle Aarts, Flamant Home Interiors, Sandra Groenendal, Johan Heino, Bob Jansen, Willeke Jongejan, Liliana Kootstra, Dirk van der Meer, Yvonne Mulder, Babs Pierik, Laila Skipper Rasmussen, Nathalie Steenmeijer, Manon Suykerbuyk, Hans Ultee, Madelon Vink, Hans Vrijmoed

Herausgeber
Peter Schönhuth

Druckkoordination
Mieke Dekker

Lithografie
Litho Spirit

First published 2002
under the title „100% KLEUR"
by Sanoma Uitgevers B.V.,
Hoofddorp, Holland